EL NIÑO Y SU MUNDO

EL NIÑO Y SU MUNDO

Niños vitales, niños sosegados

Juegos, meditaciones y masajes para eliminar tensiones en los niños

Sylvia Lendner-Fischer

ONIRO

Título original: *Bewegte Stille*
Publicado en alemán por Kösel-Verlag GmbH & Co., München

Traducción de J. A. Bravo

Diseño de cubierta: Valerio Viano

Fotografía de cubierta: Stock Photos

Fotografías del interior: Sylvia Lendner-Fischer

Distribución exclusiva:
Ediciones Paidós Ibérica, S.A.
Mariano Cubí 92 – 08021 Barcelona – España
Editorial Paidós, S.A.I.C.F.
Defensa 599 – 1065 Buenos Aires – Argentina
Editorial Paidós Mexicana, S.A.
Rubén Darío 118, col. Moderna – 03510 México D.F. – México

ISBN: 84-95456-98-2
Depósito legal: B-5.460-2002

Impreso en Hurope, S.L.
Lima, 3 bis – 08030 Barcelona

Impreso en España – *Printed in Spain*

Índice

Prólogo

En 1993, cuando mi amiguito Franz-Xaver abandonó este mundo a la edad de 11 años, me dejó el mensaje siguiente: «Ama a todos los niños de la tierra, protégelos, regálales tu corazón y tu alegría lo mismo que hiciste conmigo».

Para cumplir con esa misión de amor, hice acopio de mis conocimientos y mi experiencia, y lo he reunido todo en este libro. Para que aproveche al mayor número posible de personas. A vosotros quizá os interesará también esta colección de ideas y de sugerencias, para aplicarlas en vuestra relación con los niños. Que sepan que el amor existe de verdad. A ellos dedico este libro, y a todas las personas que se dedican a difundir el amor por el mundo.

Quiero aprovechar la oportunidad para dar las gracias a todas las personas que me ayudaron mientras trabajaba en la realización de este libro.

En especial, a mi familia, la que cuando yo era niña hizo posible que emprendiese un camino creativo. Y también a mi esposo, que me ayudó desde el primer momento en mis estudios sobre el movimiento y la meditación, y se convirtió en un gran propagandista mío y de este libro. A todos los amigos que estuvieron a mi lado. Mi agradecimiento cordial a todas mis colegas, en primer lugar al equipo del jardín de infancia de Nußdorf y a mi amiga Barbara Halaby gracias a cuyo apoyo y motivación fue posible el trabajo.

Gabi Hirl pasó mis anotaciones manuales al ordenador y aportó valiosas sugerencias para la confección del libro, en la que han intervenido también Wolfgang y Silke Schreiner con sus buenos consejos.

Debo especial gratitud a todos los niños que nos acompañaron en nuestro recorrido por el mundo de la quietud y del movimiento, así como a los padres que autorizaron la publicación de las fotografías.

Introducción

Quitar tensiones y rebajar niveles de estrés en los niños forma una parte importante de nuestra relación diaria con ellos. A tal efecto cobran particular relevancia los dos componentes movimiento y quietud, como trata de sugerir el título de este libro, *Niños vitales, niños sosegados.*

En el caso de los niños, la combinación de ambos y sólo ella crea las condiciones ideales para eliminar el estrés y, por tanto, el malestar asociado. Cuando pensamos en movimiento y quietud, a primera vista nos parecen nociones contradictorias. Pero no es así. A mi criterio podrían compararse con las dos caras de una moneda, porque se complementan mutuamente. El niño necesita mucha más actividad que el adulto; hay que darle espacio y tiempo para ella en la vida cotidiana, de lo contrario resulta muy difícil centrarlo y sosegarlo.

El movimiento, además de llevarnos hacia el mundo exterior, ante todo nos permite acceder al interior. Al mover el cuerpo aprovechamos la oportunidad para eliminar tensiones, después de lo cual podemos progresar hacia el alma y el espíritu en su prístino estado. En estas condiciones, cuerpo, alma y espíritu se acercan poco a poco hasta que vuelven a armonizar. Cuando lo conseguimos, nos sentimos de nuevo recogidos en nuestra fuente de vida. ¡Es entonces cuando somos felices y libres!

La quietud nos enseña la sencillez. Permite olvidar las vicisitudes de nuestra vida complicada. En la quietud vamos al encuentro del sentimiento y tenemos ocasión de seguirle la pista. A menudo ésta es una experiencia conmovedora. Cuando hemos conseguido que la quietud nos conmueva tenemos abierto el camino hacia una vida de felicidad.

Lo mismo les ocurre a los niños cuando encuentran la quietud a través del movimiento. De este modo desahogan el sinfín de estímulos externos que inundan sus sentidos. Ese sinfín suele tener repercusiones físicas y psíquicas, o espirituales, de donde resultan agresiones, temores y no pocas veces situaciones de aislamiento. Los padres o los pedagogos deben tratar de contrarrestar, hasta cierto punto, ese exceso de estímulos en la vida de los niños, para que sigan sanos y alegres. Por esta razón, desde hace años vengo desarrollando posibilidades de reducción del estrés en los niños, posibilidades que apunten a una aplicación preventiva.

He utilizado como base de mi trabajo mi experiencia con las terapias somáticas de integración, la danza terapéutica, el masaje holístico y largos años de prácticas meditativas. Todos los ejercicios que contiene este libro han sido probados en la práctica pedagógica. Están concebidos fundamentalmente para niños de preescolar y primaria. Como es natural, también son indicados para los padres, aunque el lector o lectora no tardará en advertir que en el fondo, los ejercicios no dependen de «los años» y pueden resultar enriquecedores para personas de todas las edades, claro está que teniendo en cuenta las modificaciones que exige cada situación según la edad, el número de integrantes del grupo y la estructura de éste. Sobre todo, que cada uno los adapte a sus propias nociones. Lo que importa más es practicarlos con suficiente asiduidad, a fin de obtener el resultado deseado. La frecuencia de la práctica depende de la edad y de los objetivos que se quieran conseguir. A los niños pequeños les gustan mucho las repeticiones, es decir que las necesitan.

He desarrollado ejercicios destinados a facilitar la fase inicial para el adulto, para que se anime a compartir con los niños el descubrimiento de este campo de actividad. En la creación de los ejercicios me he guiado a menudo por mi intuición, o como dirían los aborígenes australianos, «he seguido los senderos de mis sueños».

Me consideraría muy afortunada si mi libro sirve para que vosotros, en tanto que padres, educadores o profesores, encontréis también los senderos de vuestros sueños y os ayude a descubrir con ello vuestras propias fuerzas y vuestra propia creatividad. Entonces también desarrollaréis los ejercicios idóneos en el momento justo, y comprenderéis que os halláis ante un acervo inagotable.

Lo que conviene saber antes de comenzar con los ejercicios

Observar a los niños

Si necesitan o no ejercicio, es cuestión a decidir en cada caso. Hay que observar al grupo con atención antes de decidirlo. Como los pequeños tienen la gran facultad de desahogar a través del movimiento las emociones y los estímulos acumulados, es la preparación más idónea para los ejercicios estáticos. Después del movimiento los pequeños están más receptivos para los ejercicios tranquilos. En la medida en que el movimiento forma parte del programa de ejercicio, no es necesario intercalar una actividad física previa.

No obstante, si se observa que el grupo necesita de hecho más movimiento se le puede pasar una pieza musical alegre, por ejemplo la *Polka Party* de James Last, para que bailen espontáneamente. A continuación incluiremos una pieza más tranquila que los conducirá de manera progresiva hacia los ejercicios estáticos. Otra posibilidad sería elegir una meditación activa (véase *El movimiento creativo*) que ayude a sosegarlos un poco.

Algunas veces se observa en los grupos una actividad enorme y observamos que ya no se trata de desahogar estímulos acumulados sino que los niños están fuera de sí. En estas condiciones ni se relajan ni disfrutan. Lo indicado es marcarles un ritmo que los ayude a centrarse; por ejemplo, da buenos resultados el *Vals de las Nieves* ya que su compás de 3 por 4 «engancha» a los pequeños enseguida y los lleva a tranquilizarse. A continuación los conduciremos a otro ritmo aún más sosegado, o continuamos con el *Vals* reduciendo el volumen gradualmente. Al bajar el sonido veremos que sus movimientos se van haciendo cada vez más lentos.

No obstante, hay días en que ni nosotros mismos ni los niños acertamos a quedarnos «quietos». Como siempre, la mejor alternativa consiste en una salida al aire libre. ¡La tranquilidad nunca ha de ser forzada, sino que debe producirse por sí misma!

Al principio, desde luego, no es fácil entrar con los niños en la quietud, lo cual requiere su experiencia. No os desaniméis cuando alguna vez fracase un ejercicio. Es cuestión de tomárselo con sentido del humor; si lo hacéis así no habrá sido un ejercicio fracasado sino una experiencia interesante más.

Desarrollo del sentido estético

En mis largos años de experiencia con el movimiento y la quietud he constatado que es importante desarrollar el sentido de lo bello en nosotros mismos y en el niño. Y conste que dicho sentido no se refiere exclusivamente a la belleza exterior.

Los objetos bellos que utilizamos vienen a significar la belleza interior o espiritual. Los niños son muy sensibles a esto y vemos que manipulan con gran respeto las cosas bonitas (por ejemplo una piedra preciosa, una bola de cristal, unas flores, etc.). Cuando empecemos a captar la belleza en los pequeños detalles y la introduzcamos en nuestros ejercicios, exigiremos que sean conservados esos pequeños objetos en vez de romperlos. Más adelante vamos a entrar en relación con humanos, animales, vegetales y objetos, y aprenderemos a ver lo bello que contienen. Por estas razones atribuyo gran importancia a que la habitación o el lugar donde se lleven a cabo los ejercicios de meditación, así como los objetos utilizados para ello, formen un entorno estético. Suele ser suficiente para comunicar a los niños una primera intuición de su propia belleza interior.

Configuración del entorno (disposición básica de la habitación)

Los ejercicios de quietud a ser posible deberían realizarse siempre en el mismo lugar, a fin de comunicar a los pequeños una sensación de seguridad. Considero indispensable un abundante surtido de almohadas, almohadones, mantas y alfombrillas, éstas reservadas a las aplicaciones meditativas. Los niños captan enseguida lo que van a hacer, tan pronto como entran en la estancia decorada con dichos elementos. En la parte dedicada a los ejercicios llamaremos a la habitación así preparada disposición básica. La mía siempre tiene el aspecto siguiente: una alfombra que cubre todo el suelo de la habitación; un almohadón para sentarse o una almohada y una manta para cada niño, y el centro arreglado según la ocasión. En ocasiones se necesitará una disposición algo más compleja, por ejemplo para «Sueños de delfines» (p. 129), que consiste en usar una tela azul que simbolizará el agua y una lámina transparente delgada que confiere un efecto especial. Los niños adoran la fantasía. Con frecuencia depende del acierto de la disposición básica el que se consiga motivarlos para los ejercicios. Para crear ambiente se utilizarán materiales naturales, forros, telas, y naturalmente también la luz de las velas. ¡Desplegad libremente vuestra creatividad!

Configuración del centro

Es de gran importancia, por diversos motivos. Para empezar, facilita la entrada en el ejercicio ya que simboliza nuestro interior y al contemplarlo nos centramos.

Por otra parte, es importante para salir del ejercicio meditativo. Con un centro bellamente dispuesto recibimos a los niños en el mundo exterior proporcionándoles algo hermoso. Así se transmite la noción de que la belleza hallada en el interior puede servirnos para actuar sobre lo externo.

Los niños suelen ser muy abiertos y receptivos a las impresiones meditativas y es por esto que debemos dedicar muy especial atención al final del ejercicio de manera que todos ellos recuperen su fijación en la realidad exterior. Al fin y al cabo se trata de vivir con ellos un rato de distensión para devolverlos a la vida frescos y alegres, no para que permanezcan retenidos en un mundo de ensueños. Es un aspecto a tener en cuenta, sobre todo, para los pequeños que tengan problemas en la vida cotidiana, y que podrían ser propensos a permanecer refugiados en lo interior por miedo al mundo «de fuera». Los ayudamos a retornar de pleno al aquí y ahora haciendo que contemplen ese centro bellamente dispuesto; se les permitirá que toquen los objetos y que jueguen con ellos. Así verán que lo exterior también puede ser bello y los animaremos a hacerse dueños de sus vidas. Otra manera de ayudarlos a recobrar el «fundamento» puede ser pedirles que nos cuenten sus experiencias, o que repitan lo que acaban de experimentar expresándolo por medio de movimientos. Ambas soluciones invitan a una actividad exterior y así se obtiene la recuperación completa.

La postura sentada durante las meditaciones

Sin duda todos conoceréis la postura del loto, como la llaman los yoguis, y os habréis preguntado (lo mismo que yo) cómo resisten tanto rato con la espalda tan erguida y las piernas entrecruzadas. ¡Por fortuna no es necesario dominar esa postura para vivir una experiencia meditativa! A los niños les agrada por naturaleza sentarse en el suelo, y cruzan las piernas sin dificultad. Intercalando una almohada pequeña, es la mejor postura para ellos. Y si el niño ha tenido un desarrollo normal permanecerá con la espalda recta, ya que todavía no le afligen vicios de postura como a nosotros los adultos. Pero si observásemos reiteradamente que un pequeño dobla la espalda cuando está sentado, sería aconsejable tratar de averiguar si existe algún defecto físico y tal vez el niño precisa una gimnasia especial a fin de fortalecer la musculatura de la espalda. Naturalmente la espalda doblada también puede ser indicio de un problema psíquico (es la actitud de alguien que soporta una carga muy pesada), y puede indicar que alguien necesita ayuda.

Como regla general vale que la postura sentada debe ser relajada y cómoda, aunque haga falta recurrir a un almohadón para la parte baja de la espalda, o sentarse a meditar en un escabel. En uno y otro caso se consigue levantar un poco la pelvis reduciendo el esfuerzo dorsal. En cuanto a los adultos, vale más que se sienten en una silla y disfruten el ejercicio que sentarse en el suelo y padecerlo. Durante los viajes de fantasía, normalmente hago que los niños se echen sobre la alfombra envueltos en su manta.

Tiempo a reservar para una danza creativa o un ejercicio de quietud

La duración habitual es de unos 30 minutos. Por mi parte, sin embargo, prefiero un horario flexible, es decir ajustado a las necesidades de los pequeños. Si veo que los fatigo con mis previsiones, abrevio el ejercicio. Que lo recuerden como una experiencia hermosa, no como un esfuerzo agobiante. Pero si veo que se han implicado a fondo y están disfrutando la sesión, consiento que la prolonguen un poco introduciendo un elemento nuevo, o animándolos a hablar. Así se mantiene más o menos un horario y se aprovecha todo el potencial de las criaturas.

El pedagogo como monitor de meditación

Tal vez os preguntaréis ahora si podéis comenzar con la «quietud en movimiento» directamente o si hacen falta varios años de experiencia en la práctica de la meditación.

Por supuesto esa experiencia previa no está de más. Es buena idea el ensayar previamente uno mismo los ejercicios que desea realizar con los niños, a ver la sensación que producen: no dejará de resultar beneficioso y enriquecedor que reservemos unos minutos de nuestra jornada a explorar nuestro fuero interno, a repasar mentalmente los acontecimientos del día, con lo cual desconectamos además del estrés acumulado. Pero todavía importa más el llevar un corazón abierto a los niños y a uno mismo, conque puede ocurrir que algunos días necesitemos un rato de intimidad y de quietud más prolongado que otros.

Por otra parte, conviene que nos preguntemos siempre cómo estamos interiormente y hasta dónde iremos en función de ese estado de ánimo. Por ejemplo, cuando observamos que los niños están muy vociferantes y agitados, situación que reclamaría un ofrecimiento de actividad guiada. Pero nos sentimos fatigados y nerviosos, con pocas ganas de actividad. Si lo intentásemos entonces, el ofrecimiento seguramente fracasaría. Hay que hacerlo de buena gana si queremos transmitir algo. Buscaremos, por tanto, una solución compatible con nuestro estado. No se debe forzar nunca un ejercicio con los niños sólo porque nos parezca que «lo están pidiendo». Confiad en vuestra voz interior y en vuestra sensibilidad. Si lo hacéis, apreciaréis sinceramente a las personas de vuestro entorno y os beneficiaréis plenamente de la fuerza espiritual que contienen los ejercicios. A menudo salimos de las sesiones con los niños en un estado de gran felicidad; esto significa que estamos penetrados de la energía de nuestro corazón. No hemos de renunciar a mantener abiertos nuestros sentidos y seguir desarrollándolos en la vida cotidiana. Son las pequeñas cosas las que nos ayudan a mantener nuestro equilibrio a largo plazo; por tanto, hay que mantener abierta la sensibilidad para ellas. Cuando disfrutamos el buen aroma del té de nuestro desayuno, o la bonita vista desde la ventana, o el cordial apretón de manos de otra persona, si somos capaces de transmitir todo eso a los niños, posiblemente habremos creado condiciones más adecuadas para los ejercicios de quietud, en vez de limitarnos a esperar y callar sin más.

El corazón abierto y afectuoso para con uno mismo y para con los demás irradia serenidad, distensión y confianza. Porque no se toma en serio las debilidades y procura apoyar los puntos fuertes.

Observa, lector, tu propia actitud en la vida cotidiana. ¿Todavía eres capaz de disfrutar con cosas aparentemente desprovistas de importancia? ¿Sabes descubrir dentro de ti la energía del asombro? En caso de que te inclines a contestar más bien con un «no» a estas preguntas, quizá los ejercicios de este libro puedan devolverte la facultad de asombro y las alegrías sencillas. Así pues, cualquiera que sea tu situación procura aprovechar estas posibilidades para ti y para los pequeños.

Organización de los ejercicios

Antes de comenzar la explicación de cada ejercicio se dan algunas indicaciones sobre la disposición básica, los materiales que tal vez se vayan a necesitar y cosas por el estilo. Los ejercicios propiamente dichos vienen recuadrados y en dos columnas. En la columna de la izquierda se detalla la realización del ejercicio; cada fase va marcada con un círculo. En la columna de la derecha se hallarán consejos prácticos (señalados con un triángulo), así como la explicación de los objetivos pedagógicos asociados (marcados con un cuadrado). Se añaden algunas posibilidades complementarias, versos, cuentos y canciones.

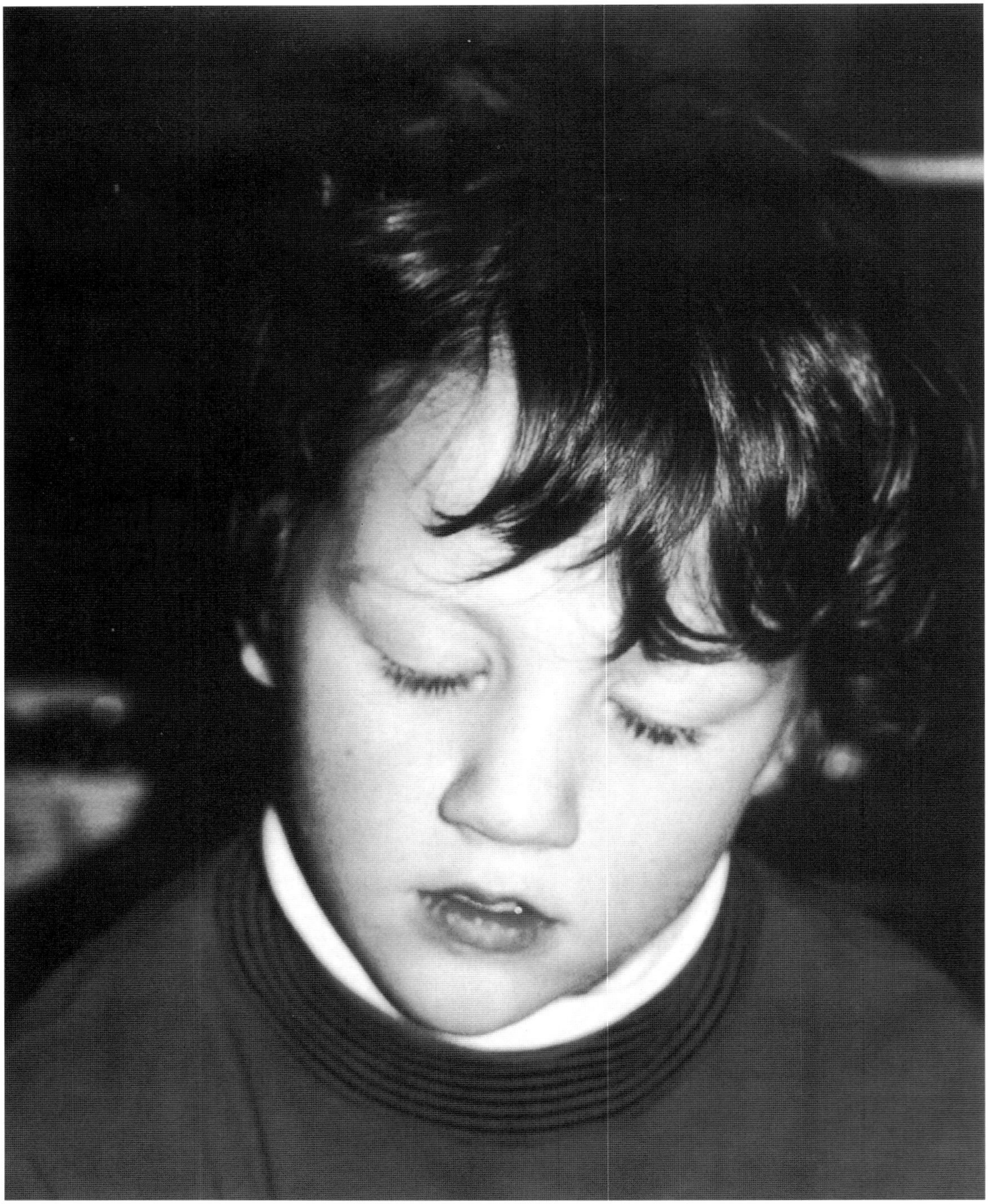

Ejercicios de meditación

Cuando aprendemos con los niños a hacer un alto, vivimos en común con ellos una experiencia muy importante. Como lo indica la palabra misma, se trata de un estado de suspensión interior, pendiente de la chispa divina, de nuestro corazón. Los niños que han pasado por este tipo de experiencia saben que la felicidad está en ellos mismos. Se aceptan y se estiman conscientemente, de ahí que sean capaces de transmitir sensaciones positivas a otras personas. El niño se independiza de la anuencia de los demás, precisamente por eso sabe comportarse mejor. Es muy sencillo. Su móvil ha dejado de ser el temor (debo hacer tal cosa para que me quieran) y ha pasado a ser el amor (estoy bien, me gusta dar de mí). En el amor el humano también halla sus límites naturales, como cuando nos invita a reposar si lo que necesita el cuerpo es reposo. Estoy firmemente convencida de que se evitarían muchas enfermedades, tanto en los niños como en los adultos, si nos amásemos más a nosotros mismos. Hace tiempo que los médicos y los psicólogos descubrieron la relación entre lo corporal y lo espiritual, y cómo la mente influye sobre las defensas del organismo. Ese amor no debe confundirse con el egoísmo, que no nace del corazón ni de sentirse amparado. El egoísmo siempre nace de un sentido de pérdida, de la convicción de haber sido privados de algo que nos correspondía. Lo que el corazón nos enseña es otra cosa. Cuando hacemos un alto simplemente detenemos el movimiento externo. Entramos en la quietud y captamos los impulsos del corazón: con los niños yo practico el «columpiarnos en alas de ángel». Ahí entramos en contacto con el gran manantial de nuestro ser, de donde provenimos todos. ¡Estas operaciones las realizan los niños inconscientemente, guiados por su sensibilidad! Los ejercicios de recogimiento suponen una oportunidad propioceptiva. ¿No es cierto que nosotros los adultos muchas veces también desearíamos llevar un poco de sosiego a nuestra vida diaria y comprender mejor en qué consisten nuestras verdaderas necesidades? En mis sesiones con los niños experimento el firme deseo de abrirles una puerta por donde ellos encuentren ese manantial de la fuerza interior. Entonces ellos notan reservas inmensas de amor, valor y capacidad creativa. Es cierto que en ocasiones hace falta paciencia para mostrarles a los pequeños el camino del corazón, ¡pero la alegría que nos devuelven constituye recompensa sobrada! Ver cómo una criatura irradia felicidad cuando se siente a gusto consigo misma, cuando ríe y también cuando se queda muy quieta: ¿acaso no sentimos entonces cómo a nosotros se nos abre también el corazón?

Un alto... Recogimiento.
Vibra dentro de mí
la nota del corazón...
¡oigo la canción del amor!

Cazar pompas de jabón y dejarlas caer

Las pompas de jabón... ¿qué nos evocan estas palabras? ¿Os recuerdan, como a mí, jubilosos juegos infantiles? Esas burbujas luminosas y ligeras encantan lo mismo a los pequeños que a los mayores. Se diría que tienen algo mágico, que por un instante vemos a través de ellas, columpiándose, el mundo de las cosas invisibles. Los niños siempre quieren atraparlas, porque vuelan y porque invitan al movimiento jubiloso. Por eso les entusiasma este ejercicio que los invita a expresarse con la actividad física y con la voz, lo cual permite desahogar posibles campos de tensión acumulada. Saltar y emitir sonidos alivia el estrés corporal y psíquico. La indicación de «saltar sin saliros del sitio» previene el caos y evita que se descontrolen. Tras haberse desahogado y exteriorizado un rato, vemos que vuelven a centrarse interiormente: el cuerpo y el espíritu se sosiegan. Con esto los niños aprenden que es posible manifestar los sentimientos, y también la satisfacción tranquila que produce la evocación de unas sensaciones agradables. Esta primera parte nos servirá de fundamento para continuar con un viaje fantástico. Que los pequeños se imaginen a sí mismos como burbujas que flotan en el aire, libres y ligeras... O les transmitimos la sugerencia de hallarse en una habitación maravillosa, y que aparece de pronto una infinidad de burbujas flotantes y ellos están en medio... ¡o cualquier otra historia de pompas de jabón que se os ocurra espontáneamente! ¡Experimentad con esas posibilidades y advertiréis el poder de lo bello!

Las mágicas burbujas
hacen florecer sonrisas,
luminosas y ligeras.
A mí me recuerdan
la delicadeza del alma.

Disposición básica

Realizable en cualquier estancia, pero hay que conseguir espacio despejado suficiente. Es un bello ejercicio para el final de la jornada o para después de una hora de clase en la escuela.

Material

Pompas de jabón

Tamaño del grupo

Puede ser cualquiera, muchos niños o pocos.

Observación

Las primeras veces me encargo yo misma de soplar las pompas de jabón; más adelante se puede permitir que lo hagan los pequeños. Hay que evitar que nos desborde el alboroto; lo mejor es designar de antemano a algunos niños para que nos ayuden.

Instrucciones	Notas pedagógicas
● Explico a los niños todas las fases del ejercicio.	▲ Facilitarles la comprensión del ejercicio.
● Desde un puesto elevado (mesa) soplo las pompas hacia ellos.	▲ Pueden elegir libremente el lugar donde colocarse.
● Pueden atrapar las pompas de pie pero no tocar a otro niño. Sí dar voces y saltar.	▲ Fomentar la espontaneidad de los pequeños.
● Ahora los niños se sentarán en el suelo y sólo podrán capturar las pompas que alcancen desde su posición.	■ Distensión a través de la manifestación vocal y los saltos, pero manteniendo la estructura contenida y ordenada del grupo.
● Capturar las pompas pero sin exclamaciones vocales.	■ Desarrollar la tolerancia a la frustración.
● Poner las manos como bandejas a ver si cae en ellas una pompa.	■ Ejercitar autodominio. ■ Iniciar fase de tranquilización. ■ Desplazar la concentración hacia las manos.
● Quedarse mirando cómo caen las pompas al suelo y se rompen.	■ Relajar y centrar promoviendo una actitud circunspecta. ■ Pasar de la actividad al reposo.

En vez de pompas de jabón también podemos lanzar plumas, cuyo revuelo seguirán los niños, o una colección de objetos sólidos, éstos a espaldas de los niños para que intenten localizar por el oído el lugar en donde caen.

Hermano árbol

Creo que todo el mundo reacciona positivamente frente a un árbol, y los niños los adoran. Les agrada trepar, y donde están presentes los incluyen siempre en sus juegos, convirtiéndolos en viviendas y en guarida de bandoleros. Los adultos apreciamos la sombra y el esplendor de sus colores otoñales. Pero ¿conocemos la sensación que es capaz de transmitir el árbol cuando nos recostamos en él deliberadamente o lo abrazamos? El árbol nos comunica sensaciones de solidez y seguridad, de estar protegidos. Y cuando estamos solos, sin la cercanía de una persona amiga, el árbol puede consolarnos y ser amigo, o incluso «hermano árbol» como diría san Francisco.

Para regalar a los niños con esta experiencia y que conozcan la temática, les narro el cuento del hermanito árbol (p. 20).

Disposición básica

Si los niños están demasiado distraídos se practicará a cubierto; de lo contrario, al aire libre.

A cubierto: La disposición básica con un centro de hojas o ramaje.

Al aire libre: Extendemos mantas a la sombra de un árbol o en la linde del bosque.

Tamaño del grupo

De seis a diez niños.

Hace tanto..., y sin embargo,
lo recuerdo muy bien.
¡Tan especial era mi árbol!
¡Tantas cosas era para mí!
El más bello castillo,
cama lujosa, nave pirata y columpio.
Espectáculo de colores
por las tardes, y escondite,
pero sobre todo amigo,
¡el gran árbol de mis días de infancia!

Instrucciones

Los niños se sentarán sobre las mantas y podrán tocar las hojas.

- Los niños se dispersarán para ir a tocar las hojas de los árboles. A una señal convenida se reunirán todos donde las mantas, y traerán una hoja cada uno.
- Guardamos silencio todo el grupo y tratamos de visualizar las hojas con los ojos cerrados.

Notas pedagógicas

- Que aprendan a entender y obedecer instrucciones.
- Educar la percepción por medio de la vista y el tacto.

«Quiero contaros el cuento de un arbolito. Es la historia del hermanito árbol.»

El hermanito árbol

Hay muchos árboles en el mundo, grandes y pequeños, gordos y delgados, con hojas o con agujas, y cada uno tiene su color verde diferente. Muchos de ellos dan flores y frutos, y algunos incluso llegan a ser árboles de Navidad. Los hay que llegan a ser muy, muy viejos. Llevan tantos años viviendo en esta tierra que lo saben casi todo acerca de ella y de nosotros, los humanos. Son los Grandes Ancianos entre los árboles y se agrupan en círculos. Y cuando un humano entra en uno de esos círculos enseguida nota que se halla en un lugar especial. A los Grandes Ancianos les gusta mucho la charla y durante sus tertulias hacen gala de su gran sabiduría. De manera que así se hacen cada vez más sabios, y además nunca olvidan nada. Pues bien, cerca de uno de esos círculos crecía un arbolito joven que siempre escuchaba las conversaciones con gran interés, aunque no estaba muy seguro de tener permiso para oírlo todo, puesto que era tan pequeño y no podía aportar nada a la sabiduría de los Grandes Ancianos. En cierta ocasión oyó que hablaban de los humanos y de los sentimientos que existen entre ellos. Entre otras cosas el arbolito oyó que hablaban del amor y de la extraña costumbre humana de abrazarse los amantes. Esto le produjo una extraña impresión, ya que el arbolito veía que él no tenía brazos para abrazar a otro árbol, ni pies que le permitiesen acercársele. «Con perdón, venerables y Grandes Ancianos», empezó muy bajito, porque no deseaba molestar y además estaba temeroso de que los Ancianos se incomodasen cuando supieran que él los había escuchado. «¿Me permitís una pregunta?» «Ya que lo pides con tanta educación –replicó el más viejo de todos–. ¿Qué quieres saber?» El pequeño carraspeó un poco, porque estaba muy asustado. Nunca antes se había atrevido a entremeterse en el coloquio de los Ancianos. «¿Cómo se puede saber si a uno le quieren?» Los ancianos callaron todos, y se hizo en el bosque un silencio impresionante. Y el pequeño se encogió todavía más, temiendo haber dicho una inconveniencia o una tontería, y que los Ancianos se enfadarían mucho. «Ustedes perdonen –dijo–. No he querido ofender.» «¡Ah! –habló de nuevo el de más edad–. Es que no lo has hecho. Ocurre sólo que ninguno de nosotros sabe la respuesta, y es la primera vez que no sabemos ninguna respuesta.» Aquella noche todos los árboles callaron, y también durante los días siguientes permanecieron más silenciosos que de costumbre.

El arbolito estaba muy preocupado. Nunca creyó posible que los Ancianos no supieran una respuesta. Pero él seguía con el afán de saber cómo sería eso de ser amado. Y muchas veces se agitaba tanto que casi le resultaba insoportable.

Pasaron muchos días y todos los árboles estaban como de mal humor, tal vez por culpa del tiempo frío y húmedo, ¿o sería que aquella pregunta todavía les pesaba en los corazones?

Por fin amaneció un día de cielo radiante y el sol envió sus rayos sobre el país y calentó también a los Grandes Ancianos y al arbolito, y ellos tendían sus hojas para absorber aquella luz.

El arbolito miraba distraído a su alrededor y entonces vio que se acercaba un niño paseando muy contento y alegre. El arbolito lo contemplaba cada vez más excitado, y se decía: «Ahora intentaré averiguar cómo se quieren los humanos». El niño se había acercado y miraba las copas de los árboles mayores. «Qué grandes y hermosos estáis –se asombraba–. Seguro que sois muy viejos. Los árboles más viejos del mundo.» Y se quedó muy callado sin dejar de admirar los árboles. Mientras tanto el arbolito desesperado trataba de decirle algo, pero ya sabemos que los humanos no entienden el lenguaje de los árboles, por lo que trató de enviarle un pensamiento. Deseaba tanto que el niño le hablase del amor. Él era un humano y debía saberlo. De pronto el niño apartó su atención de los grandes árboles y se fijó en el arbolito. Lleno de júbilo se acercó de un salto diciendo: «¡Mira! Éste es un árbol niño, lo mismo que yo soy un niño! ¡Qué bonito eres! Tu verde suave me alegra. Pienso que te sentirás solo a veces entre tantos árboles mayores, como a mí me ocurre cuando estoy entre adultos». «¡Sí, sí!», gritaba el arbolito con todas sus fuerzas, por si fuese posible que el niño entendiese el idioma de los árboles. «Me parece que sí», dijo el niño al tiempo que abrazaba el tronco del arbolito.

Entonces el arbolito tuvo una sensación extraordinaria de algo caliente y blando que no había conocido nunca. «Me gustas y quiero ser tu amigo», dijo el niño. «Sí, por favor. Quiero que seas mi amigo», contestó el arbolito muy conmovido, y deseando que el niño se diese cuenta de que lo quería le envió su afecto con todas las fuerzas. «Es maravilloso abrazarte, tienes tanta fuerza y me encuentro tan a gusto a tu lado –susurró el niño–. No sé si voy a contarles a mis padres que tengo un amigo árbol y que da gusto abrazarlo. A lo mejor dirán otra vez que son imaginaciones mías y no me creerán.»

«¡Inténtalo! –exclamó lleno de emoción el arbolito–. ¡Que se vengan todos aquí! Porque los árboles viejos tampoco saben lo bueno que es que le abracen a uno. Además los Grandes Ancianos son muy sabios y podrían enseñarles a tus padres muchas cosas.»

«Lo intentaré –pensó el niño–. Sí, lo intentaré para que mis padres sepan lo bonito que es sentir la fuerza de los árboles.» Y antes de despedirse acarició las hojas del arbolito y se alejó muy feliz. Los Grandes Ancianos habían asistido a todo esto con gran asombro y atención, pero no se atrevieron a preguntar cómo era eso de sentir el cariño. Pero el pequeño se lo explicó enseguida. «Queridos Ancianos, ahora tengo la respuesta a mi pregunta. Pero por desgracia no puedo explicarlo, porque me faltan las palabras. Confío en que mi amigo regrese con sus padres y que vosotros también tendréis la oportunidad de sentiros abrazados.»

Pasaron varios días pero el niño no regresaba. El arbolito empezaba ya a preocuparse por si no aparecía más por allí su amigo. Y justo cuando empezaba a entristecerse vio a su amigo que subía por el prado, acompañado de sus padres. Y cuando estuvieron arriba el arbolito exclamó: «¡Amigo mío! ¡Cuánto me alegro de verte!» «Hola, arbolito –dijo el niño–. Como ves, he traído a mis padres. Al principio ellos no querían venir, pero como también les gustan los árboles, finalmente me han acompañado.» «¡Oh, por favor! Diles a tus padres que abracen a los Ancianos para que ellos también sepan lo que es el cariño.» Y el niño adivinó la petición y les dijo a sus padres que lo hicieran. Y ellos le hicieron caso y abrazaron a uno de los Ancianos. Al principio la sensación resultó un poco desacostumbrada para los humanos y para el árbol, pero no tardaron en sentir la fuerza que emanaba de los árboles. Y como era tan agradable, ellos y el niño acabaron por abrazarlos a todos uno después de otro.

Por último dijeron que en agradecimiento por la sensación que les comunicaban procurarían proteger y defender a los árboles siempre que fuese necesario.

También prometieron regresar a menudo, y lo cumplieron. Muchos domingos subían al bosque con sus amigos y merendaban a la sombra. Naturalmente, nunca olvidaban abrazar a sus amigos los árboles. Pero el día más bello siguió siendo para éstos el primero. Al anochecer el más anciano le dijo al arbolito: «Ahora tú eres el más pequeño de los sabios. Aunque seas mucho más joven, te consideramos hermano nuestro porque gracias a ti hemos conocido el amor, que era lo que nos faltaba para ser unos sabios de verdad. Te damos las gracias, arbolito». Él estaba radiante y se sentía muy feliz, y muy grande y fuerte. Y todos los árboles siguieron siendo muy amigos.

● Si hemos contado el cuento en la estancia, ahora saldremos al aire libre.	▲ Aguardar la reacción de los niños.
● «¡Seguro que a nuestros árboles de aquí nunca los ha abrazado nadie todavía!»	▲ Si los niños no manifiestan por propia iniciativa el deseo de abrazar un árbol les damos el primer impulso.
● Que cada niño se acerque a un árbol y abrace el tronco.	■ Establecer el contacto emocional con el árbol. ▲ A una señal convenida de antemano todos los niños regresan.
● Comentamos nuestra experiencia con los árboles. ¿Qué hemos sentido?	■ Aprendizaje de la comunicación

Posibilidades de desarrollo

- En primavera y con ayuda de un fonendoscopio se puede escuchar la circulación de la savia. Consultar a un profesional, a ver si puede prestarnos uno usado que le sobre.

- Recogemos hojas y las coleccionamos guardadas entre dos películas de papel vegetal adhesivo. Luego las recortamos con exactitud (así se conservan). Servirán para juegos de clasificación (reunir las hojas procedentes del mismo árbol) o de tacto (reconocerlas con los ojos vendados). Naturalmente puede hacerse también con las hojas al natural, recién recogidas.

- Hacemos un ambientador recogiendo en el bosque pedacitos de madera, cortezas, piñas y agujas de pino. Todo esto lo ponemos en una bandeja que sea bonita y la colocamos en el centro de la habitación.

Temas de creatividad

- Con los niños, recogemos raíces y ramas, que clavaremos en el suelo para crear un paisaje artificial, el cual poblaremos de habitantes (enanos, silfos) o animales.

- Haremos una vara de Mayo. Se buscará una rama del tamaño adecuado. Permitiremos que los niños la descortecen, que la decoren con dibujos o la pinten, que la adornen con cintas. Luego la erigiremos en un lugar destacado (clavándola en una maceta con escayola, por ejemplo). Servirá para colgar los regalos de cumpleaños y de Adviento, o para pequeñas sorpresas, y de tema para historietas y juegos.

La respiración del osito

El aliento, *atman*, «la divinidad que obra en mí» como dice la tradición literal del sánscrito y este significado ya nos dice la importancia que le atribuimos y la de nuestro ejercicio siguiente. Entramos conscientemente en contacto con el caudal de vida que hay dentro de nosotros y aprendemos a jugar con esa fuerza positiva. Aquí no nos preocupa si la respiración es abdominal o torácica, lo importante es encontrar un ritmo natural y libre. Se trata de estimular la naturalidad originaria de la respiración infantil y de facilitar el acceso a los distintos volúmenes respiratorios (el torácico y el abdominal). La soltura óptima se obtiene por lo general cuando el pecho y el vientre suben y bajan casi al mismo tiempo.

Una gran parte de la desintoxicación necesaria para el organismo se produce a través de la respiración. Cuando el aire es puro, al exhalar eliminamos toxinas y de esta manera nos libramos de un gran inconveniente. Las toxinas perjudican nuestras defensas y también a la emotividad. Muchos trastornos infantiles son debidos, literalmente, a un «mal aire», porque las toxinas producen alergias, algunas de las cuales son muy molestas para las criaturas. Otro punto importante que aconseja la práctica de ejercicios respiratorios con los niños es el de eliminar, literalmente «desahogar» el estrés, ya que la respiración funciona como una válvula. Ensáyalo tú misma: exhala el aire y visualiza al mismo tiempo cómo sale de ti lo pesado y perjudicial. Como un chorro de humo negro, por ejemplo. Al inhalar imagina que te llenas de fuerza limpia y luminosa.

La respiración del osito es un recurso estupendo que les proporciona una oportunidad para jugar con la propia respiración, hasta que aprenden a manejarse con ella y a desahogarse en cualquier momento. En casa, por ejemplo, a la hora de acostarse. Mientras miman y abrazan a su muñeco preferido, aprenden a dirigir la atención consciente hacia sus propios movimientos respiratorios y así se purifican y sanean a sí mismos. Como es natural este ejercicio lo intercalaremos con ciertas frecuencia entre otros, pues cuanto más se practica la respiración consciente mayor es el efecto sobre la salud.

He observado a menudo que la respiración del osito pone de buen humor a los niños desde el comienzo. El muñeco de peluche estimula enseguida la emotividad e inicia la relajación corporal de la criatura. Son condiciones previas óptimas para una respiración armoniosa. El niño ya no se siente solo. Está con su osito y éste quiere mecerse suavemente sobre el pecho y la barriga de su amo. En vez de ponerse en tensión tratando de emular una respiración aprendida, lo hace de forma completamente natural, distraído por la lenta oscilación del muñeco, y va profundizando de modo automático. Con su peso no excesivo el osito centra la atención sobre el pecho y el abdomen. Así encuentra el niño su ritmo propio e individual, y se obtiene una relajación profunda. Por último, cuando ya con los ojos cerrados toca el osito, desarrolla su capacidad de percepción táctil y se extiende la sensación de estar protegido y rodeado de sus objetos queridos.

Disposición básica

Del centro: considerar la utilización de un pebetero con un aceite de aroma agradable y relajante, cuyos ingredientes necesariamente deben ser de origen natural a fin de obtener un efecto positivo sobre el cuerpo y el espíritu.

Esencias muy queridas por los niños suelen ser la de azahar (en invierno se le añade aceite esencial de canela para dar calor), espliego y geranio rosa. Se quemarán como máximo cuatro gotas de aceite esencial en la lámpara de olor.

Material

Osito pequeño de felpa, uno para cada niño, que se presentarán tumbados en un cestito y tapados.

Como alternativa para niños ya un poco mayores, en vez del osito podemos colocar pelotas pequeñas (de tenis o de gomaespuma). Colocada sobre el pecho y el abdomen con la indicación de respirar profundamente sin que se caiga la pelota. Es un desafío para estos niños que ejercita la respiración correcta, la atención y la habilidad.

Requiere algo de vigilancia, ya que podrían hacer trampa conteniendo la respiración. Se aumentará progresivamente la profundidad de ésta con todos los niños. Para iniciar el ejercicio es aconsejable un masaje del tórax y el abdomen haciendo rodar la bola sobre el niño echado, lo cual estimula el riego sanguíneo y fomenta la percepción del propio cuerpo.

Tamaño del grupo

De ocho a diez niños (la primera vez), más adelante será posible aumentarlo.

Colocación

Es preferible que todos los niños estén echados en disposición radial, juntando las cabezas en el centro. Esto ayuda a crear una vibración común y armoniza las sesiones.

En mis pulmones de niño
entra el airecillo
como un arroyuelo.
En mi vientre
(digo yo) ¿se formará
un estanque?

¡Pero no!
Que ya el arroyo volvió
a salir.
Será mejor
como una circulación de aire.

Instrucciones	Notas pedagógicas
● Los niños elegirán sus lugares e irán a sentarse sobre las mantas preparadas con antelación. En una cestita cubierta se habrá dispuesto el oso de peluche y se les pedirá que adivinen al tacto lo que es.	■ Ejercitar la percepción táctil.
● Cada niño elegirá su osito y lo observará con detenimiento. A continuación les digo que al osito le gustaría columpiarse sobre el pecho o el abdomen.	■ Entra en juego el aspecto emocional.
● Vamos a tratar de satisfacer el deseo del osito.	▲ Invitación indirecta a tenderse de espaldas y colocar el osito sobre el pecho o el abdomen.
● Los niños se echan sobre las mantas. Invito a los niños a colocar el osito donde piensen que él se va a sentir más a gusto.	■ Es una buena oportunidad para observar cómo respiran los niños y cómo se perciben a sí mismos mientras lo hacen: ¿dónde colocan el muñeco? El peso de éste hace que adquieran conciencia táctil de su pecho y abdomen.
● Todos los niños se colocan el osito sobre el pecho y tratarán de detectar si consiguen columpiarlo.	■ Apertura del espacio respiratorio superior, es decir el tórax.
● Les dejamos que apuren un rato las sensaciones. Luego les decimos «ahora, intentad columpiar el osito un poco más».	■ Orientamos la atención hacia el muñeco para que se relajen de una manera natural las respiraciones.
● «Parece que los ositos están muy contentos.»	▲ Dar tiempo, transmitir un refuerzo positivo.

- «Ahora trataremos de columpiar el osito sobre la barriga. A ver cómo sale.»

▲ Dejar que respiren los niños, a ser posible, sin emprender ningún intento de corregirlos. En el caso de que alguno muestre visible dificultad para centrarse en el espacio respiratorio, apoyamos una mano sobre el osito o llevamos la mano de la criatura sobre éste diciendo: «Ahora el osito sube. Ahora el osito baja». Pero el niño no debe darse cuenta de nuestro propósito de inducirle a respirar de otra manera, porque entonces haría esfuerzo y entraría en tensión.

- «Ahora ponedlo otra vez donde más os guste. Fíjate en lo poco que pesa y sujétalo bien.

▲ Es el momento de observar a los niños para ver si se detecta un cambio comparado con el inicio de la sesión. Quizá se ha logrado ya que respiren con naturalidad.

▲ Darles tiempo.

- «Cierra los ojos y toca a tu amiguito con las manos, ¿qué se siente?»

  «Al osito le gusta que lo acaricien. Ponte cómodo en tu manta y abrázalo un ratito más.»

■ El contacto con objetos pequeños y peludos estimula el área emocional, lo cual ejerce a su vez un efecto positivo sobre el sistema inmunitario, produciéndose una sensación de bienestar.

Es buena idea tener un lugar fijo en la habitación común para colocar los ositos y poderlo usar repetidamente en sesiones de respiración. Además dará pie a inventar con los niños cuentos de ositos. Con retales de alfombra de pelo largo fabricaremos peluches que los niños podrán llevarse a casa si el ejercicio se ha realizado en la escuela.

Cuenco que suena y canta

En el mundo occidental los cuencos sonoros no se conocieron sino a partir de los años 60 del siglo pasado.

Provenían seguramente de las regiones del Himalaya y aquí fueron divulgados por el movimiento del *Flower Power*. Personas jóvenes que buscaban el camino espiritual en Oriente llevaron los primeros ejemplares cuando regresaron a Norteamérica y Europa.

Son escasas las informaciones disponibles sobre el origen histórico y la utilidad de los cuencos sonoros. No está claramente demostrada la hipótesis que les atribuye un origen tibetano (cf. Jansen 1994). Sabemos ahora, eso sí, que pueden adquirirse en la India, en el Nepal y en Japón. Los tienen también las tiendas de música occidentales que importan instrumentos exóticos. Pero no sabemos si servían originariamente como tales; a lo mejor eran escudillas para pedir limosna, o los utilizaban los monjes como instrumento de meditación y curación. Todas las culturas conocen los beneficiosos efectos del sonido, la voz y la música sobre humanos, animales y plantas, y los han aplicado con fines de relajación y curación.

En muchos países las campanas son utensilio indispensable de la vida espiritual, como entre nosotros las de las iglesias que señalan las horas de las oraciones e invitan a rezar.

El sonido es una vibración del aire y como tal incide directamente sobre el organismo humano. Es fácil visualizarlo imaginando un lago a cuyas aguas arrojamos una piedra. Las ondas producidas por el choque de la piedra en el agua se propagan por la superficie de ésta. De manera similar, cuando se emite un sonido cerca de nosotros nuestro organismo recibe la influencia de las ondas sonoras.

Los cuencos vibrantes vienen de espesores y tamaños diferentes (desde unos diez hasta 30 cm de diámetro), en acabado brillante o mate, y formados de distintos metales: plomo, cinc, hierro, cobre, mercurio, plata, oro, aunque no todos necesariamente presentes. El sonido se obtiene golpeando el cuenco por medio de una baqueta de madera o frotando con ésta en el borde; en uno y otro caso se obtienen sonoridades distintas, con una nota fundamental y diversos armónicos. Estas notas son para escuchar o para acompañar el canto. La afinación se modifica echando en el recipiente una cantidad de agua. Cuando frotamos el cuenco, si éste contiene agua la vibración la pone en movimiento y salpica. Para que se levante un chorro como si fuese una fuentecilla hay que experimentar con distintas cantidades de líquido. Los cuencos de gran tamaño se tocan con una mano de mortero envuelta en badana y producen un sonido intenso y profundo, como el de una campana. Es agradable arrimar el cuenco al cuerpo (ejercicio por parejas en postura de decúbito), para recibir directamente las vibraciones, lo cual posee gran eficacia relajante.

La aplicación de los cuencos sonoros al trabajo terapéutico es una práctica que va introduciéndose cada vez más. Los sonidos hablan directamente al espíritu y precisamente los niños reaccionan con mucho agrado, incluso con entusiasmo. No hay más que ver cómo las caras maravilladas reflejan el milagro del sonido. Los cuencos sonoros tienen la propiedad de abrir las puertas del dominio íntimo y nos revelan el mundo de sonoridades interiores que habita en cada uno de nosotros.

Música, ¿de dónde vienes?
¿Adónde vas?
Enséñame tu mundo,
¡quiero verlo!
¡El país de la música!
Entonces cantaré
y me llevaré la canción
a mi mundo.

Cierto día una niña de corta edad estaba jugando con mi cuenco sonoro. Echábamos agua en el recipiente para experimentar con los cambios. Ella los escuchó encantada y luego, asomándose al interior del cuenco, exclamó: «¡Se ve la cara de Nuestro Señor!».

Ejercicio preliminar

Cuando vayamos a organizar una sesión de práctica con los cuencos vibrantes, la víspera podemos organizar un juego con cacerolas. Es un ejercicio muy aconsejable para niños ya mayores que saben concentrarse, y sirve como preparación del ejercicio principal.

Dispondremos repartidas por la estancia varias cacerolas de distintos materiales (plástico, cerámica, madera, metal), y colocaremos entre ellas los cuencos sonoros.

Entonces entran los niños en la habitación y después de considerar las cacerolas, hablamos de lo que son y para qué sirven. Los niños pasearán por la habitación y tocarán los enseres. Que digan a continuación qué diferencias (por ejemplo, caliente-frío) han descubierto. Finalmente, repartiremos entre ellos unos bastoncillos para que golpeen levemente cada uno de los recipientes. ¿Alguna cacerola les ha parecido especial? Las identificamos y seguimos jugando un rato con los cuencos sonoros. Por último todos los niños cerrarán los ojos mientras tocamos una nota y guardamos silencio dejando que la vibración se disipe en el aire.

Después de este ejercicio previo, al día siguiente seguimos experimentando con los cuencos sonoros.

Disposición básica

Centro: varios cuencos sonoros con velas en su interior.

Material

Cuencos, velas, bandeja de madera.

Tamaño del grupo

Depende, principalmente, de la cantidad de cuencos vibrantes que podamos disponer.

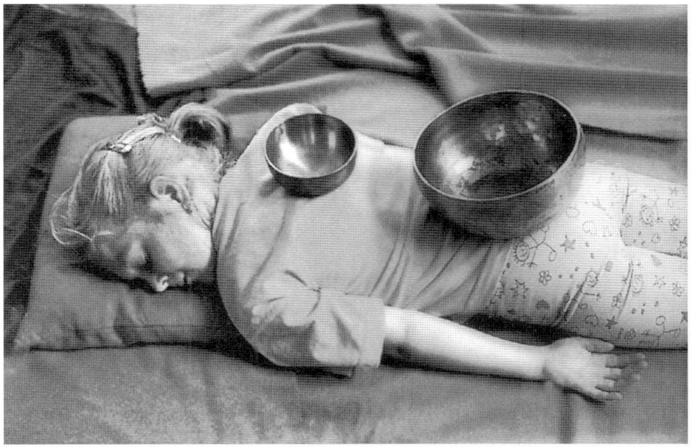

Instrucciones

Notas pedagógicas

- Los niños entran en la habitación, que tendremos en penumbra. Las velas estarán encendidas en sus cuencos. Todos se sentarán en los lugares que habremos preparado de antemano.

▲ Crear un ambiente agradable.

- Invitar a los niños: «Ahora nos quedaremos quietos y callados mirando estos bonitos cuencos y sus velas encendidas». «Ahora sacamos las velas de los cuencos y las ponemos en esta bandeja.»

■ Tranquilizarlos y centrarlos.

- «Hoy volvemos a jugar con los cuencos. Que cada uno golpee el suyo una sola vez.»

▲ Si se dispone de cantidad suficiente de cuencos, los repartiremos entre los niños; en caso contrario habrá que formar un corro y hacer que circulen los recipientes.

- «¿Y si ahora tocáramos todos a la vez?» «Ahora lo haremos de uno en uno, y cada vez escucharemos hasta que el sonido se haya extinguido en el aire.»

■ Ejercitar la percepción, educar la capacidad de concentración, aprender a esperar y a escuchar, dejar que los sonidos hagan su efecto.

- «Os voy a contar un cuento.»

▲ La finalidad del cuento consiste en reforzar la motivación.

El cuenco cantante

Érase una vez un hombre muy viejo que vivía en el interior de un espeso bosque. Vivía solo porque estaba enfadado con todo el mundo. Casi nadie recordaba ya los motivos del enfado, y los más jóvenes del pueblo ni siquiera habían visto nunca al anciano. En cambio los viejos de la aldea decían que se le había enfriado el corazón y que seguramente ya no habría remedio para él.

Hasta que un día el niño Manuel oyó cómo sus abuelos hablaban de aquel solitario, y la abuela decía:

–Debe hacer como setenta y siete años que se congeló el viejo.

–Sí, sí –replicó el abuelo–. Hace muchos años, tantos que no creo que nadie pueda ayudarle ya.

–Al menos, recordémosle en nuestras oraciones todas las noches.

Manuel se entristeció al oírlo. ¿Cuál sería la causa de que el anciano tuviese un corazón de hielo?

–¡Abuela! ¿Por qué tiene el corazón helado ese hombre? –preguntó. La abuela calló un rato y finalmente dijo:

–Cuando el viejo era todavía un hombre joven, tenía mucho dinero. Pero no lo había ganado trabajando él, sino que lo heredó. A él le gustaba presumir y también humillar a los demás, que eran pobres. Así que cuando se presentaba un pobre para mendigar un mendrugo de pan, él lo amenazaba con un palo y le echaba el perro. Hasta que acabó por hacerse odioso a todo el mundo. Pero a él no le importaba, porque tenía bastante con su bella casa y su riqueza. Pero cierto día llegó al pueblo una forastera, una mujer joven y hermosa que era una maravilla verla. Sus cabellos dorados relucían al sol y tenía unos ojos de mirar bondadoso y cordial. Enseguida él quiso casarse con ella, no porque la quisiera sino para adornarse con aquella belleza. Y le hizo muchos regalos de joyas y piedras preciosas. Pero ella lo repartía todo entre los pobres, para ayudarlos. Cuando el hombre se enteró montó en cólera y tan enfadado estaba que levantó la mano contra la mujer. Antes de que llegase a pegarle, ella pronunció una fórmula mágica. Porque aquella mujer en realidad era un hada buena que velaba por los habitantes de la aldea. Enterada de la existencia del avaro, quiso que se enmendara seduciéndolo con las armas de la belleza y la dulzura, pero no lo consiguió.

»Apenas pronunciada la fórmula, todo se transformó: la casa se convirtió en un palacio de hielo, y todos los enseres, en carámbanos inservibles. Todo lo que tocaba estaba tan frío que le dolían las yemas de los dedos. Ni su dinero ni su oro le servían para nada. Pero lo peor de todo fue que además se le heló el corazón, de manera que nunca más volvió a conocer la paz. La bella hechicera abandonó la aldea y nunca más ha sido vista.

Manuel había escuchado este relato con gran atención. ¡Qué historia tan extraña!

–Vete ahora –le dijo el abuelo– y llévate nuestra cabra al monte, para que paste un poco.

Cuando ya se habían metido en la espesura el niño oyó un sonido maravilloso, claro y purísimo. ¿De dónde provendría? Él nunca había oído nada semejante.

En compañía de su cabra se puso a buscar el sonido y recorrió un bosquecillo de abedules hasta que salió a un pequeño claro. Allí sentada vio a una mujer maravillosa. Sus cabellos dorados relucían al sol y tenía unos ojos de mirar bondadoso y cordial. En la mano llevaba un cuenco del mismo color que su cabello. Y lo golpeaba con una varita de avellano, de modo que producía aquel tañido encantador. Cuando rozaba con la varita el borde del cuenco, parecía que el recipiente se pusiera a cantar.

–Acércate, Manuel –dijo ella–. Hace tiempo que te esperaba.

Manuel obedeció sin sentir ningún temor. Como si conociera a aquella mujer de toda la vida.

–No ignoro que te entristece el destino del viejo. Pero debes saber que no fui yo quien lo encantó. Mis palabras no hicieron sino sacar a la luz lo que había dentro de él. ¡Quien ofende al Bien se condena a sí mismo!

»Yo también sentí tristeza, porque fui allá para devolverlo al buen camino pero no lo conseguí. Ahora han pasado 77 años, durante los cuales he esperado la visita de un humano que quisiera ayudarle.

–Yo lo haría con mucho gusto, hada buena, pero no sé por dónde empezar.

–Toma este cuenco cantante. Su música es capaz de fundir el hielo, aunque sólo cuando el que la toca lleva el amor en su corazón. El amor lo transforma todo. El amor trae el calor y la luz. Pero es posible que tampoco tú logres salvarlo, pese a la magia del cuenco, porque no serviría de nada si él mismo no deseara enmendarse.

–Yo lo intentaré, hada buena, y tocaré el cuenco para que resuene y cante.

Dicho esto, Manuel se puso en camino y no tardó en hallar la casa y al hombre con el corazón de hielo. El chico se puso a tocar el cuenco, cuyas notas hicieron vibrar el aire. Cuando el viejo vio al niño frunció el ceño e hizo intención de salir con ademanes amenazadores. Pero cuanto más se acercaba más fuerte oía la música del cuenco, por lo que se detuvo y se quedó mirando a Manuel con aire huraño. Éste empezó a acariciar con la varilla el borde del cuenco, que se puso a cantar una melodía tan dulce que el viejo notó que empezaba a fundírsele el corazón. Era una sensación tan dolorosa que le entraron ganas de llorar. Y en efecto, empezaron a correr por sus mejillas lágrimas muy ardientes. Hacía 77 años que no lloraba. Manuel seguía tocando, animado por el deseo de ayudar al hombre, y cuanto más lloraba éste más desparramaba calor a su alrededor, y así la casa, los enseres, y hasta el perro, todo fue deshelándose y volviendo a su estado normal. Y también Manuel lloraba, pero de alegría. El viejo le tendió los brazos y lo estrechó contra su corazón ya deshelado, que latía calurosamente en su pecho. El perro saltaba jubiloso alrededor de ambos y empezaron a abrirse las flores.

–Esta música y tu amor me han despertado a una nueva vida. ¿De dónde vienes, niño?

–Me envía el hada buena que llevaba 77 años esperando a que alguien te librase.

–¡Ah! ¿Con que no me ha olvidado? Recordaré a menudo lo que intentó enseñarme hace tanto tiempo. Que las riquezas se tienen para repartirlas, para que la alegría y el amor puedan prosperar en el mundo. Por tanto, pienso aprovechar el tiempo que me queda para repartir lo mío entre los pobres y tratar de amar a las personas como amáis tú y el hada. Y cuando se me permita ingresar en el reino de las hadas y mi cuerpo sea sepultado en la tierra, la casa y las propiedades serán tuyas, porque estoy seguro de que sabrás disponer bien de ellas y nunca olvidarás que todos los hombres y todas las mujeres son hermanos. ¡Sigue tocando, niño! ¡Toca el cuenco que canta para que todo el mundo sepa que el corazón de hielo se derritió y ha despertado a una nueva vida.

Entonces la cabra de Manuel baló, y se hubiera dicho que reía.

● «¿Os ha gustado el cuento?»

▲ Dejar que hablen los niños.

■ Fomentar en los pequeños la capacidad de expresión verbal.

● «Ahora vamos a averiguar si los sonidos del cuenco tocan el corazón, cuando nos ponemos el cuenco sobre el pecho y lo golpea uno de nuestros amigos.»

■ En contacto con el instrumento se intensifica la percepción del propio cuerpo y también se captará el sonido con mayor intensidad.

● Formar parejas y parlamentar para decidir quién empieza.

■ Fomentar el sentido de la independencia.

● «Notadlo y escuchad, os daréis más cuenta si cerráis los ojos.» Ahora autorizamos que el compañero golpee el cuenco con la baqueta.

▲ Que perciban el efecto de la vibración sonora.

● «¿Qué sensación produce en el cuerpo?»

■ Que aprendan a verbalizar sus experiencias.

● «¿Qué sientes cuando golpean el cuenco para dar la nota?»

▲ Dejar que hablen los niños.

● «A lo mejor te gustaría repetir colocando el cuenco en otro lugar. Elígelo tú mismo y que tu compañero vuelva a tocar.»	■ Fomentar que hagan experimentos. ■ Que diversifiquen experiencias.
● «Cuando hayáis probado en distintos lugares del cuerpo, cambiad y que el compañero se tienda para colocarle el cuenco y que note el efecto del sonido.»	■ Los niños aprenden la importancia de la reciprocidad. Hay que dar y recibir. Tocar el instrumento es tan agradable como notar las vibraciones en el propio cuerpo.
● «Ahora podéis tumbaros en la manta y escucharéis cómo toco yo para vosotros.»	■ Relajarse, percibir los sonidos.
● Dicho esto me pongo a dar vueltas tocando mi cuenco. «Cuando oigas este sonido levántate poco a poco y pasa a la sala de reunión.»	■ Aprender a seguir unas instrucciones.

Posibilidades de desarrollo

- En otra práctica con todos los niños introduciremos en el recipiente materiales diversos antes de tocar. ¿De qué manera modifican el sonido? ¿Cuándo suena diferente, más bonito o más desagradable? ¿Cómo varía el sonido al echar en el cuenco mayor o menor cantidad de agua?

- Frotamos con la baqueta y observamos al mismo tiempo la superficie del agua. Cuando la cantidad de ésta es la correcta (para la resonancia, varía según el tamaño del instrumento), se levanta una diminuta fuente.

- Podemos tratar de cantar con el cuenco, es decir, emular su sonoridad con la voz.

- Siempre que notemos un malestar, tocaremos el cuenco hasta sentir alivio (instalar un rincón musical en la habitación).

- Otra posibilidad: combinar los cuencos sonoros con instrumentos de Orff e interpretar una gran sinfonía de sonidos.

- Los cuencos sonoros son muy útiles para impartir indicaciones. Por ejemplo, una señal que signifique «silencio todo el mundo» o «vamos a recoger». También puede anunciar que vamos a contar un cuento o que iniciamos una actividad especial.

¿No sucede lo mismo con Dios? Esta verdad, que es profunda y que los niños conocen intuitivamente, vamos a reforzarla por medio de la meditación siguiente. La luz de Dios siempre alumbra nuestro corazón, sólo falta que nosotros lo recordemos. Cuando aprendamos a prestar atención a nuestro corazón, no tardaremos en sentirnos dueños de esa luz interior. Penetrados por el amor, comprobaremos que Dios no está allá lejos sino en los corazones de todos.

Disposición básica

Centro: Un plato de latón, o un plato normal recubierto de papel dorado y con candelas, o una vela en el centro.

El sol en el corazón

En muchas religiones el sol es el símbolo sagrado de la divinidad. Entre los cristianos es habitual la comparación con el amor de Jesucristo: Él nos redimió y nos ama lo mismo que el sol calienta y alumbra a todos, a los injustos lo mismo que a los justos. Y cuando el cielo está cubierto y no lo vemos, sabemos que está ahí porque da luz de todas maneras.

Material

Papel para pintar, pintura de dedos (amarillo, anaranjado, rojo), que haya para todos los niños.

Tamaño del grupo

Diez niños como máximo.

Instrucciones

- Que cada niño se busque su lugar. Nos quedamos contemplando el plato con las luces y nos vamos tranquilizando.
- «Vamos a descansar los ojos mirando la luz suavemente, casi como si la luz fuese a difuminarse bajo nuestra mirada.»
- «Vamos a acercar con cuidado las manos a la luz, para sentir su calor.»
  «¿Qué podrá representar este plato con las luces y las flores?
- «Sí, tal vez nuestro buen sol, que nos calienta y nos da luz a los humanos, los animales y las flores.»
- Texto meditativo: «El sol da luz, la luz de la vida, y gracias a ella existen las plantas, los animales y los humanos. El sol da alegría. Cuando él luce estamos contentos, nos sentimos bien».
- «Pero el sol no sólo alumbra allá fuera, también nos ayuda porque irradia en nuestro corazón.»

Notas pedagógicas

- ■ Al sosiego por medio de la actitud contemplativa.
- ■ Ejercicio de la visión periférica para relajar la vista.
- ▲ Concederles tiempo.
- ▲ Establecer la asociación con el sol.
- ▲ Desde los tiempos más remotos el sol ha sido símbolo de la vida y de la divinidad.
- ▲ Recitar lentamente el texto.
- ■ Que aprendan a escuchar.
- ■ Que se acostumbren a guardar silencio.
- ▲ Explicación que induce el ejercicio de visualización.

● «Vamos a intentarlo todos juntos. Cerramos los ojos y colocamos la mano izquierda en el centro del pecho, y sobre ella la derecha. Aquí donde se juntan las manos imaginaremos un punto luminoso. Cada vez que inhalamos el aire, ese punto crece, aumenta de tamaño más y más, hasta llenar todo el pecho. Es como un pequeño sol (puede aumentarse todavía más). Es como si estuviéramos sentados dentro de un sol tan grande que reluce por encima de nuestras cabezas y nos envuelve por completo en su resplandor.»	■ Aprender a visualizar. ▲ El contacto corporal facilita el trabajo de la imaginación. El calor de las manos simboliza el del sol y relaja. ■ Dejar que se vaya concretando la imagen interior. ■ Sentir intuitivamente que la luz está en nuestro corazón.
● Es caliente, luminoso y bueno. Nos hace felices, nos alegra y nos sana.	■ Vivencia: sentirse protegido por la luz que nos rodea. ▲ Darles tiempo para que apuren la sensación.
● «Abrimos de nuevo los ojos, poco a poco ¿Quién de vosotros ha notado o ha visto el sol en su corazón? ¿Os ha gustado esta actividad?»	■ Que aprendan a describir sensaciones y sentimientos. ■ Estimular las destrezas verbales.
● «Este ejercicio también podéis practicarlo cuando estéis tristes o un poco indispuestos. El sol es un buen sanador.» «Queremos darle gracias al sol: «Mi buen sol, mi buen amigo. Gracias por tu calor y por la alegría que nos dispensas.» «Imaginamos que nuestros dedos son rayos de sol y hacemos con ellos cosquillas en la nariz del vecino.»	▲ Una indicación de autoayuda.

- «Ahora nos estiramos todos en el suelo, tocándonos los pies, y seremos los rayos del sol. Todos nosotros formando parte de esa gran estrella. Cada uno tiene su lugar. Nos damos las manos y notamos el calor de las manos y de los pies. Estamos juntos, formamos parte de una misma cosa.»

- Fomentar el sentimiento de comunidad.
- Inducir la intuición de que somos parte de un todo más grande que nosotros mismos.

Posibilidades de desarrollo

- Masaje solar: Uno de los niños tendido en el suelo representa la Tierra. Su compañero es el sol, y los dedos son los rayos solares que rozan ligeramente el cuerpo del otro niño; en un segundo tiempo, intercambio de roles.
- Salimos al aire libre en un día claro y nos deleitamos con la caricia del sol.
- Erigir un reloj de sol en el patio o jardín.
- Hacer que la luz del sol pase por un prisma (lo más adecuado es un cristal de roca grande) para observar la descomposición de la luz en sus colores fundamentales.
- Inventamos una danza del sol (por ejemplo con telas amarillas y anaranjadas).

El himno solar de Julia

Sol, mi querido sol,
baja a verme.
Te espero aquí sentada,
sentada en mi silla.
Deja la tuya arriba,
siéntate en mis rodillas.

(Compuesto espontáneamente por Julia, a los 4 años de edad, después de varias actividades sobre el sol como centro de interés.)

Boquilla, cántame la «O»

Cantar es cosa que alegra, vigoriza y establece relaciones entre las personas. Cuando cantamos con otro aunque ni siquiera sepamos su idioma es posible llegar a entenderse en el plano afectivo. Muchas culturas tienen ritos basados en la vocalización, basándose en el conocimiento de que la enunciación de las vocales en voz alta ejerce efectos bastante intensos. Tanto en Occidente como en Oriente, los monjes cantan para sosegar el espíritu y favorecer el recogimiento. En la India tienen cantos para las parturientas, que son vocalizaciones destinadas a aliviar los dolores. Este resultado se obtiene porque el organismo de la persona que canta se convierte en un objeto resonante, en cuyo interior se propagan las vibraciones.

La oscilación influye más en unas zonas del organismo que en otras, según la vocal y la tesitura de la voz. Tradicionalmente se ha querido ver una correspondencia entre la «U» y el bajo vientre, la «O» y el abdomen, la «A» y la región cordial, la «E» y la garganta, la «I» y la parte superior de la cabeza. Estas áreas corporales vibran cuando entonamos las vocales; el cantor tiene la sensación de ensancharse y se produce una relajación. Cuando llevamos un rato cantando, en el momento de callar notamos un silencio profundo y una gran armonía. El oído avezado puede distinguir además de la nota fundamental sus armónicos. Éstos son sonidos de frecuencia superior (múltiplo) de la fundamental que aparecen simultáneamente. Produce una sensación fascinante el escuchar la fundamental y el primer armónico, que viene a ser como darse cuenta de que emitimos dos notas al mismo tiempo, fenómeno que también se produce al tocar los cuencos sonoros (véase el apartado anterior). En los sistemas terapéuticos que curan por medio del sonido se les atribuye a los armónicos una eficacia especial. La razón lógica seguramente no llegará nunca a explicar del todo estos efectos, pero podemos dar por seguro que la vocalización ejercita la voz de los niños. Aumenta su volumen respiratorio y aprenden a controlar la emisión vocal. Por lo general vemos que además suscita en ellos una paz especial, una armonización de las facultades, además de resultar una actividad muy divertida que, si se presenta en forma de función teatral con recitación y canto, da lugar a una vivencia completa. Los niños se acostumbran a cantar las vocales y a encontrar el tono justo en todas las demás cosas de la vida.

Disposición básica

Para este ejercicio sirve cualquier estancia correctamente ventilada. Es aconsejable tener colgada del techo o del dintel de la puerta una vara de bambú con una sábana a manera de cortina.

Material

Pieza de tela que sirva como cortina, colgada de un bambú. Tijera de sastre, rotulador grueso, espejo, lápiz labial y pomada, y un instrumento de música que sepamos tocar, para dar la nota final.

Tamaño del grupo

Hasta diez niños.

Observación

Muy indicado para los niños en edad preescolar, ya que les enseña las vocales.

Instrucciones

- Los niños entran en la habitación y ven la cortina corrida.
  «¿De qué ha de servirnos hoy una cortina?»
  «Vamos a representar una función musical... ¡pero antes habrá que cambiar algunas cosas! Necesitamos unos agujeros redondos por donde quepan vuestras caras.
- «Tocaos la cara con el dedo, ¿qué forma y qué tamaño tiene?» Que dos de los niños sujeten las puntas inferiores de la cortina.
- Que los niños se acerquen a la cortina uno a uno para que yo pueda palpar el contorno de su caras a través de la tela y dibujar el círculo en ésta.
- Uno a uno los pequeños irán recortando el círculo que les corresponde. Los demás sujetaremos la cortina manteniéndola tensa para facilitar el trabajo.
- Una vez recortados todos los círculos, podremos asomarnos a ellos.
  «He traído un espejo para que podáis veros.»
  «La cortina será nuestro escenario y vosotros seréis los actores.»

Notas pedagógicas

- ■ Suscitar interés, dejar que intenten adivinar.
- ■ Estimular el sentido del tacto y la percepción.
- ▲ Que algunos permanezcan de pie y otros arrodillados, a fin de variar las alturas.
- ▲ Pintar el círculo un poco más pequeño que la cara.
- ■ Desarrollar la precisión de movimientos.
- ▲ Permitir que ensayen.

- Cada vez que presento el espejo a uno de los protagonistas le digo que se fije en sus labios, que serán los actores principales.
  «Salid todos ahora, aquí tengo lápiz y pincel de labios para que cada uno se pinte como quiera. Será el maquillaje de nuestros actores principales.»

■ Que aprendan a prestar atención a sus percepciones.

- Si alguno manifiesta aversión a pintarse, le diremos que se frote suavemente los labios con el dedo para darles color, así también se preparan para la función. Podéis contemplaros en el espejo mientras lo hacéis.
  A continuación cada uno pasará a ocupar su lugar, el mismo que antes.
  «Yo soy la directora de la función y os enseñaré lo que hay que cantar.»
  «Para empezar repetiréis con los labios lo que yo diga pero sin emitir ningún sonido. Fijaos bien y haced lo mismo que yo.»

■ Desarrollar el sentido del tacto y la percepción corporal.

- Esperar a que todos los niños hagan la mueca con los labios.

▲ Hago un pequeño círculo con la boca para formar la «O».

- «Sí, así está bien. Ahora todos en esta postura cantamos "O".»
  «Resulta divertido, os lo enseñaré en el espejo. El niño que se mire en el espejo que cante la vocal "O".»

▲ Refuerzo positivo de la motivación.

▲ Todos a la vez; O, O, O, O.

- «Ahora fijaos otra vez cómo pongo los labios de una manera diferente. A ver si conseguís imitarme. Hay que sacar un poco más el labio inferior y todos juntos cantaremos la "U".»
  «Ahora os enseñaré vuestra cara en el espejo mientras decís uno a uno la "U".»

▲ Formando un círculo algo más pequeño que antes y con el labio superior algo prominente para pronunciar la «U».

- «Mirad otra postura. Voy a abrir la boca del todo. Dejadme ver cómo lo hacéis. Vamos a cantar todos juntos la "A".»
  «Muy bien, y ahora haremos como antes, que cada uno cante mientras se contempla en el espejo. ¡Mira cuánto puedes abrir la boca!»
  «Para el ejercicio siguiente no hay que abrirla tanto y así descansamos.»

▲ La boca bien abierta a fin de vocalizar la «A».

- «Esta vez hacemos como que ensanchamos un poco más los labios, y así podremos entonar la "E". Muy bien, que todos canten la "E". Si alguno quiere, puede hacerlo otra vez mirándose en el espejo.»

▲ Formar la postura con la boca menos abierta y más ancha a fin de pronunciar la «E».

- «En la última postura ponemos cara casi como de risa, así ¿lo veis? Y luego cantaremos la "I". ¿Quién quiere mirarse en el espejo?»

▲ Distorsión de los labios a fin de vocalizar la «I».

- «¿Quién recuerda cómo se hace la "O"?»

▲ Repetición completa a fin de profundizar lo aprendido.

● «¿Quién quiere hacer la demostración? Que se acerque y les enseñe a los demás cómo se hace. Entonces lo harán todos. ¿Quién de vosotros sabe cómo se hace la "U". Que lo repitan todos. Ahora que salga uno a demostrar cómo se entona la "A" y lo haremos, y lo mismo la "E". Y para terminar un niño que diga la "I". Lo practicaremos juntos.»

▲ Control de los objetivos de la actividad por parte de la persona que la dirige: ¿han entendido los pequeños las diversas articulaciones y posturas labiales?

● «Esto ha quedado muy bien, sois unos cantantes fenomenales.»
«Ahora vamos a complicarlo un poco, ¡a ver si también os sale bien este ejercicio.»

▲ Elogiar a fin de reforzar la motivación.

● «Vamos a empezar por la "U". Se trata de cantar a "U" pero más baja, tan baja como podáis, hasta que os haga cosquillas en la barriga.»

■ La entonación de una «U» profunda transmite parte de la vibración al bajo vientre.

● «Un poco más arriba viene la "O". A lo mejor notáis como un hormigueo en el estómago. Suena realmente muy bonito cuando todos cantamos la "O" al mismo tiempo.»

▲ Prolongar cada vocal un minuto aproximadamente.

● La vocal siguiente es la «A», que reside en vuestro pecho, por eso exclamamos «¡Aaaah!» cuando una cosa nos gusta mucho. El pecho entra en calor cuando cantamos «A», que es un poco más alta que la «O» de antes.

■ La descripción en imágenes quiere crear un vínculo emocional con las vocales (la «A» reside en la región cordial). Se trata de espiritualizar los sonidos, por decirlo así, haciendo de las vocales unas «compañeras de juego» de los pequeños.

● Cantamos «A, A, A».

▲ En común, durante un minuto aproximadamente.

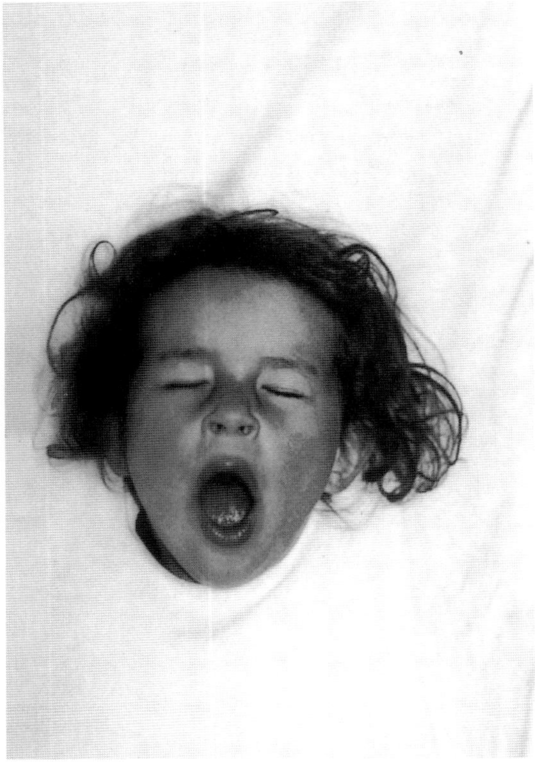 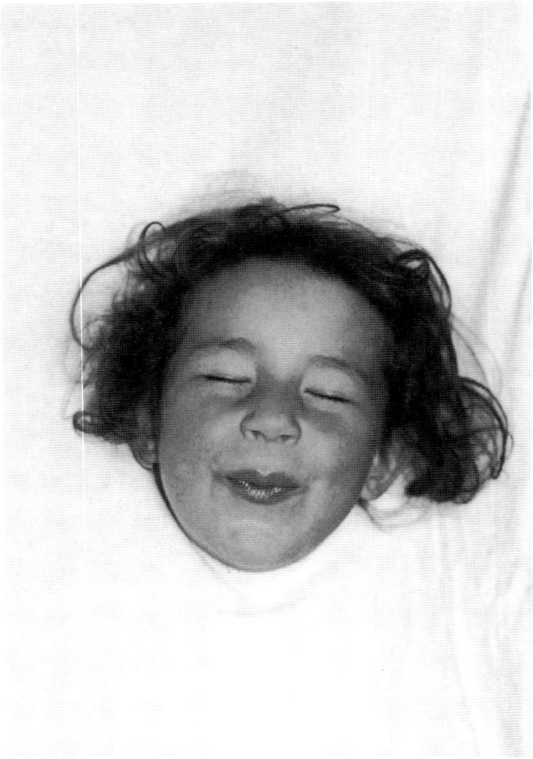

Sí, quiero cantar con alegría
y que suenen las vocales,
la A y la O, la U y la E,
y luego la más alta, que es la I,
¡hasta que retumbe el aire!

- «Más arriba, en el cuello, reside la "E". Se canta más alto que la "A" y ahora mismo estará esperando a poder salir.»
  «La última vocal es la "I", y como ha sido la que más ha tenido que esperar para que le tocase el turno, la vamos a cantar muy alta y muy clara, pues ella reside en un trono puesto en lo alto de la cabeza.»

▲ Como en los casos anteriores, durante 1 minuto aproximadamente.

- Seguid cantando hasta que oigáis un tono de mi instrumento.

▲ Los más adecuados para el caso: el cuenco vibrante, un carillón o un vibráfono.

▲ Que canten la «I» todos en común y cuando haya pasado el minuto tocamos con fuerza la nota anunciada.

■ El contraste entre el cantar a coro y el súbito silencio hace que los pequeños tomen conciencia de sí mismos. Generalmente se darán cuenta de que el cantar les produce un bienestar.

- «Quedaos quietos, sintiendo el propio cuerpo.»
  «Ahora voy a retirar la barra de la cortina de manera que caiga y os cubra a todos. Quedaréis como un fantasma de muchas cabezas, ¡el coro fantasma!»

▲ Intercalar una breve pausa.

- «Vamos a jugar ahora al coro fantasma. Mientras todos cantan "U", caminamos todos hacia delante. Cuando digamos "O", iremos hacia atrás. Con la "A" iremos hacia el lado derecho y con la "E" hacia el izquierdo.»

■ Al vocalizar en una situación alegre y movida profundizamos la experiencia.

- «Y a la voz de "I" nos quitamos la sábana a toda prisa.»

▲ Con la «I» se anuncia el final del juego.

Posibilidades de desarrollo

Podemos tratar de mantener con los niños una altura tonal asociada a las vocalizaciones:

Con la «U» la nota do bajo; a continuación, con la «O» la nota re; con la «O» la nota mi; con la «A» la nota fa; con la «E» la nota la; con la «E» la nota sol; con la «I» la nota si.

De este modo se intensifica el efecto beneficioso para el cuerpo y el espíritu. Recordemos que tratándose de niños siempre hay que abordar la actividad como un juego. Aunque desafinen a veces, en ningún caso hay que reprenderlos; es más importante la alegría del juego que nos permite potenciar el caudal vital.

Niños algo más crecidos

- Que pinten colores que asocien con las vocales.

- Dibujar en papel la silueta de los niños (de cuerpo entero), pintar las vocales en las regiones correspondientes del organismo, colorear el conjunto.

Para todos los niños

- Gimnasia fácil y divertida haciendo muecas en consonancia con un juego de vocalizaciones rápidas.

- Los niños se colocan otra vez detrás de la cortina, de manera que sólo se les vean las caras. De antemano convenimos quién dice «U, O, A, E, I». Deben cantarlo cuando la persona adulta colocada a espaldas de ellos les toque el hombro. La diversión crece a medida que se acelera el ritmo, sobre todo si el coro actúa en presencia de unos espectadores.

Teatro negro

- Consiste en utilizar una cortina de tela negra en vez de una sábana blanca. Las caras se maquillan también de negro, excepto los labios, que se pintarán de blanco brillante. Apagamos las luces de la habitación excepto una tenue iluminación del escenario. Entonces los niños cantarán como antes (al toque en el hombro), y luego todos juntos: «A, A, A, O, O, O, la orquesta ya llegó». De nuevo dejamos caer la cortina sobre los niños y haremos que salgan en fila india, dando saltos y sin dejar de cantar las vocales.

- La vocalización también puede servir como transición hacia otras actividades, porque tranquiliza a los niños y les proporciona una vivencia común.

- En una interpretación algo abreviada sirve para despedir la jornada y sus juegos antes de regresar cada uno a su casa.

Sinfonía de colores

¿Quién no recuerda su vestido preferido de cuando era niña? ¿O tal vez no era vestido sino unas botas de goma de color rojo, o una bata amarilla de verano? Algunas cosas permanecen grabadas para siempre en la memoria, y con frecuencia ello se debe a sus colores. Desde que iniciamos nuestra andadura por el mundo, los colores nos rodean, y todos sabemos lo que estimula el verdor de un prado primaveral después de la monotonía del invierno. El hecho es que algunos días, ciertos colores nos infunden una sensación de bienestar, o de protección, o de ser más atractivas. Ello se debe a que le corresponde a cada color una vibración específica que captamos.

Ver colores bellos
es adentrarnos en el alma
por caminos de mil tonalidades.

Nosotros también podemos enviar mensajes por medio de los colores. La elección del color expresa un estado de ánimo. Por ejemplo, hay una relación entre la cólera y el rojo estridente. Otros colores manifiestan designios benévolos y tal vez evitan un malestar; el azul por ejemplo contrarresta la agresividad. El amarillo alegra el ánimo de los deprimidos. En este libro no podemos abordar todas las posibilidades que ofrece la utilización de los colores. Pero tampoco nos hace falta para nuestras prácticas con los pequeños. Ellos siempre eligen intuitivamente los colores que necesitan para fortalecerse o para reequilibrarse. A lo mejor te preguntarás ahora qué quiere decirnos el niño cuando dibuja cosas negras. ¿Acaso necesita lo negro porque no se encuentra bien? ¡Pues sí! Al sacar la negrura interior y volcarla sobre el papel, la criatura se sana a sí misma.

Otro significado muy diferente tienen las prendas negras cuando revestimos con ellas nuestro cuerpo. Ese negro queda entonces muy cercano, en el umbral que conduce a nuestro fuero interno como si dijéramos. En los niños, precisamente, las ropas negras fácilmente suscitan sentimientos deprimentes. Personalmente lo he desaconsejado siempre para los pequeños, por muy de moda que estuviese. Largos años de experiencia me han enseñado que el negro bloquea el flujo de la energía en los humanos. Habrá ocasiones en que pueda estar indicado, incluso como protección, como sucede en los duelos. A veces lo oscuro debe acompañarnos en un trecho de nuestro camino, para que sea posible despedirnos de ello y dejarlo atrás. Pero no olvidemos que es la luz la que convierte lo oscuro en claridad. Para nosotros la luz se expresa en colores, y los niños saben elegir los que les convienen. Tienen la intuición y siempre tienden las manos hacia los colores que les inspiran sensaciones jubilosas (cf. Vollmar 1994).

Material

Un polichinela u otra figura por el estilo; una bolsa llena de discos de tela de distintos colores, de unos 5 cm de diámetro y de colores lisos, ya que deseamos que cada disco represente un solo color y que cada color esté representado más de una vez; rotuladores.

Tamaño del grupo

De ocho a diez niños.

Instrucciones

- Todos los niños se sientan. «¡Hola, niños! Me he enterado de que os lo pasáis tan bien con vuestros juegos, ¿me permitís participar?»
- «Incluso he traído un juego fenomenal para vosotros... lo tengo escondido en esta bola... ¿queréis verlo? ¿Sí?»
- Permitimos que cada niño meta la mano en la bolsa y trate de adivinar al tacto su contenido.
- «¿Qué os ha parecido?» Blando, caliente...
- «Veamos lo que hay en la bolsa. Son muchos discos de tela de todos los colores.»
- «Podéis ayudarme a colocarlos bien, de manera que veamos los colores.»

Notas pedagógicas

▲ El polichinela asume la dirección de la actividad.

▲ Reforzar la motivación.

▲ Todos los niños introducirán la mano en la bolsa y tocarán, pero sin manifestar de viva voz lo que les parece.

■ Que aprendan a esperar.

■ Que aprendan a verbalizar las impresiones de los sentidos, en este caso las percibidas a través de la piel.

▲ El polichinela vacía el contenido de la bolsa en el suelo.

▲ Todos colaboran.

■ Educar el sentido del tacto y la precisión de movimientos.

● «Fijaos ahora en estos colores tan bonitos, ¿cuáles os gustan más?»	▲ Intercalar una pausa breve para que los colores hagan su efecto.
● «Podéis elegir un color y quedaros con un círculo de tela. Tómalo entre las manos y contémplalo.»	▲ Dejar que elijan intuitivamente, que cada pequeño se lleve el que más le agrade.
● «¿En qué lugar de tu cuerpo quieres colocar ese disco? Para hacerlo puedes tumbarte en el suelo.»	■ Aprender a seguir los impulsos espontáneos corporales.
● «Imagina que ese pequeño disco de color penetra un poco en tu cuerpo, justo en el lugar donde lo has colocado. A él le gusta y como quiere hacerte un regalo, te va a transmitir un poco de su color. Si quieres puedes cerrar los ojos e imaginar cómo sería que entrase un poco de ese bello color, por ejemplo, en tu barriga o en tu brazo, y cómo te hace bien.»	■ Personalizar el disco de tela para establecer una relación emocional entre la criatura y el color elegido; de esta manera intensificamos la vibración cromática.
● «El círculo de color y tú... os encontráis la mar de bien?	▲ Dar un poco de tiempo.
● A lo mejor le gustaría al disco ponerse en otros lugares de tu cuerpo. Si quieres, cámbialo de colocación.» «Imagina que se sumerge dentro de ti y te regala su color, y eso te hace bien.»	■ Aprender a percibir los impulsos espontáneos corporales.
● «¿Lo notas?»	▲ Dar un poco de tiempo.
● «Retira ahora el disco y estírate un poco. Vamos a explicar qué hemos sentido con los colores.»	▲ Despabilar a todos los niños.
● Los niños relatan sus impresiones.	

- Polichinela: «El disco de color es un amiguito vuestro, con que podéis pintarle una cara, ¡veréis lo divertidos que quedan!»
  «Ahora me gustaría que todos colocáramos nuestros discos en el centro, ¡qué hermosos son!»

  ▲ Repartir los rotuladores.

- Finalmente procederemos a buscar y reunir todos los discos que sean del mismo color.

  ■ Intensificar el reconocimiento de los colores.

- «Vamos a usarlos para componer una figura bonita (ejemplos: una flor, un árbol, una oruga...).»

  ■ Utilización creativa de los colores.

- Examinamos y admiramos juntos las imágenes creadas.

  ▲ Sin escatimar elogios, para reforzar la iniciativa de los niños.

- Polichinela: «Os regalo vuestro disco, podéis llevároslo a casa. Seguramente querrá dormir en vuestra cama, tal vez encima de vosotros. ¡Mañana me lo contaréis!».

  ▲ Motivar a los niños para que observen los colores y experimenten la alegría también en casa.

Observación

En ocasiones algún niño pretende llevarse más de un color a la vez. En los comienzos, sin embargo, estimo necesario que cada uno utilice un solo color, puesto que se trata de intensificar la percepción de ese color. A medida que vayamos repitiendo el ejercicio, se puede aumentar el número de colores. Pero entonces observaremos, por lo general, que cada uno de los pequeños define más sus preferencias. Se tendrán siempre disponibles los discos de colores para incluirlos en otras actividades y juegos, permitiendo que vayan a buscarlos todas las veces que los necesiten.

Posibilidades de desarrollo

Juegos de habilidad y de rapidez de reacciones. Repartir discos de color en el suelo del gimnasio y que los niños recorran un circuito sin pisarlos. Nombrar un color, por ejemplo, «el rojo», y jugar a ver quién es el primero que atrapa un disco rojo. Volver a repartirlos, cambiar el circuito, etc.

El movimiento creativo

En la etapa inicial de la vida, los niños entran dinámicamente en su existir. A veces los adultos reaccionamos con incredulidad cuando alguien nos dice que nuestros pequeños andan faltos de movimiento: ¡Pero si no paran en todo el día! No nos damos cuenta de la cantidad de horas que pasan sentados frente al televisor o la pantalla del ordenador. Pero incluso cuando no lo hacen, fijémonos en lo limitado que tienen el espacio y por tanto, constreñida la motricidad. Pisos minúsculos, patios muy alejados de lo que es un verdadero jardín, o de la naturaleza que apenas conocen. Por eso constatamos que se empobrece la expresividad de sus movimientos, cada vez más ajustados a unas pautas, unos estereotipos de la gestualidad. Esa ausencia de naturalidad en los movimientos suele trasladarse a otros aspectos de la conducta. Por ejemplo, el niño que se lleva una reprimenda cada vez que se excita un poco y grita de júbilo (como es natural que hagan durante sus juegos), va desarrollando un patrón de conducta que le dice: «No te muevas, no molestes, no llames la atención, si quieres ahorrarte problemas y que todo el mundo te quiera más». Esa pauta va arraigando, no siempre en beneficio del pequeño, prisionero de unos mecanismos que se le han impuesto y cada vez menos libre de tomar sus propias decisiones.

Como se ha comentado en la Introducción, la actividad física les es mucho más necesaria a los niños que a los mayores, quienes muchas veces no son conscientes de esa diferencia, ya que no sienten tanto esa necesidad. Los niños cuya movilidad ha sido severamente limitada se vuelven apáticos. Reprimen el natural impulso y se autolimitan. En lo físico las consecuencias pueden ser graves: defectos de postura, a veces irreversibles; trastornos de las funciones pulmonar y cardíaca. En lo tocante a la mentalidad y la conducta, observamos falta de concentración, disminución de la capacidad para el estudio, pero sobre todo la incapacidad para un reposo auténticamente reparador, con el daño consiguiente para el sistema inmunitario. Si queremos evitar todo esto hay que darles tiempo y espacio para que se muevan. El movimiento reviste muchas formas y no hay que confundirlo con los aspavientos inútiles ni las gamberradas. En realidad es un acto creativo el que realiza el niño conforme va descubriendo las posibilidades de su organismo, en el que se incluyen los gestos pausados y disciplinados, lo mismo que la danza y sus recursos expresivos (que permiten liberar la emotividad y relajar tensiones). Por tanto, la educación de la motricidad es sinónimo de dar espacio a la vida, de abrir puertas a los pequeños.

Al mismo tiempo, también nosotros los adultos aprendemos a recorrer caminos nuevos y renovamos nuestro repertorio de actividades físicas.

Bailando entro en la vida,
el sol, las flores,
los humanos,
son una bendición.

Bailando entro en la vida,
y me río de mí misma
y de las penas
de este mundo.

Bailando entro en la vida,
al encuentro de todos.
El amor me acompaña,
a todos abrazo y sigo bailando.

Bailando entro en la vida,
y todo es bendición,
así que puedo
acercarme y dar.

La danza de los elfos

Tal vez recordaréis los cuentos de vuestra infancia en donde aparecían unos seres maravillosos, diminutos, que vivían en las corolas de las flores. Seres alados, como pequeños ángeles, emanaciones de la naturaleza mitad niños mitad flores.

Te estoy hablando de los elfos, esos amigos de los escarabajos, de las mariposas y de los enanos del bosque. A veces incluso se dejan ver por los niños, pero sólo cuando son puros de corazón y aman y respetan la naturaleza. ¡Cuántas veces habré deseado poder ver el vuelo de un pequeño elfo! Pero nunca tuve la oportunidad, y tal vez eso me sugirió la idea de abrir a los niños las puertas de la naturaleza haciendo que representen la danza de los elfos. En ella hago que se idenfiquen con esas criaturas y que se fundan con imágenes de flores. Suele encantar a humanos grandes y pequeños por cuanto los transporta hacia los dominios de la naturaleza.

Disposición básica

Estancia a oscuras.

Material

Proyector de diapositivas, pantalla o pared blanca, batas hechas de tela blanca (un simple retal cuadrado con un agujero en el centro para pasar la cabeza), varios especímenes de flores, diapositivas con escenas de la naturaleza, imagen o pequeña figura que represente un elfo.

Tamaño del grupo

De seis a ocho niños.

Música

Loreena McKennitt, *The Visit* («All souls night», «Tango to Evora»).

Instrucciones

- Los niños van entrando en la habitación iluminada todavía y se sentarán en el suelo. Les muestro una figurilla de elfo o una imagen, y abordamos una breve conversación. Se les explica que la figura representa un elfo de los que habitan las flores.
  Les recito un verso a propósito, que podemos aprender de memoria el día siguiente en rueda de sillas (y cuyo texto se hallará en la página 59).
- «Hoy jugaremos a ser elfos, por eso necesitamos los vestidos blancos y el proyector con diapositivas de hermosas flores. Hay que apagar la luz de la habitación.»
- Pasamos la primera dispositiva y la contemplamos en la pantalla. Luego haremos que los niños pasen uno a uno por delante de la pantalla y que observen cómo se proyectan las flores en sus batas.
  Todos admiran mutuamente sus bellos ropajes de flores.
- Mientras se proyectan diversas diapositivas los pequeños bailarán y cantarán incluso en grupo.

Notas pedagógicas

- ■ Identificar el personaje y sus propiedades.
- ■ Introducirlos en el reino de la fantasía.

  Luego nos tomamos todos de las manos y formamos un corro de elfos.
- ▲ Explicación de lo que nos disponemos a hacer.
- ▲ Atención: Decirles que no miren a la lente del proyector, para evitar el deslumbramiento.
- ■ Educar la percepción visual.
- ▲ Ponerles la música
- ■ Educar la motricidad creativa.

- A continuación y de uno en uno los pequeños inventarán movimientos expresivos que serán contemplados en silencio por los demás.

  Llevamos nuestra figura o imagen de un elfo a la estancia común y buscamos un lugar adecuado para exponerla.

- Desarrollar la asertividad y la capacidad para expresarse.

Si los niños quieren más, podemos ponerlos a fabricar figuras de elfos con algodón mágico (este ingrediente y libros con sugerencias para su utilización creativa se encuentran en muchos establecimientos naturistas y librerías esotérico-antroposóficas).

Elfo, elfo,
vuela veloz
por la pradera.
Las flores se alegran
y te dan sus perfumes.
Visita las mariposas
de mil colores.

La mariquita
redonda, «No te vayas»,
te invita.
Hijo de la flor,
todos te admiran,
todos te llaman
en la pradera.

Chales que bailan

Las telas, por la suavidad característica que tienen, invitan a la danza. Pañuelos de algodón, de seda, de tul, que adoptan con facilidad las más diversas formas. Un sencillo retal de tela puede enseñarnos a bailar, si somos capaces de ensayar una infinidad de posturas corporales distintas en una secuencia libre y creativa. Con telas de distintos colores nuestra coreografía puede emular el aspecto de una flor o, como en la actividad siguiente, el de una mariposa. Los pañuelos nos invitan a ejecutar movimientos de fantasía ilimitada y de intensa expresividad.

Ejercicio preliminar

Si todavía no se ha trabajado mucho con los niños la danza creativa, será aconsejable que previamente les dejemos experimentar con las telas. Que cada uno escoja la que prefiera y les ponemos música (alternando los temas lentos y los rápidos) mientras ellos dan forma a las telas comprobando sus infinitas posibilidades: ondear, revolotear por el aire, arrugarlas hasta convertirlas en una pelota, atárselas a la cintura, cubrirse la cabeza, disfrazarse. Si son pañuelos de género fino cuidaremos que no los estropeen.

Dicho esto, no hay que poner otros límites a la fantasía y al juego.

Cuando se hayan cansado de jugar con las telas, dejaremos para otro día la danza creativa con las telas en su modalidad más sistematizada.

Disposición básica

Para esta actividad necesitaremos una sala grande que permita libertad de movimientos. Las telas aparecerán formando un montón en el centro.

Material

Pañuelos de muselina, seda u otro género ligero.

Tamaño del grupo

Si los niños tienen poca práctica, que no sean más de ocho; caso contrario no importa lo numeroso que sea el grupo.

Música

Karunesh, *Colors of light* («Galabriel»).

Instrucciones

Dispondremos las telas en el centro de la estancia y los niños se sentarán formando corro alrededor.
«Ya hemos bailado y jugado con nuestros pañuelos. Hoy ensayaremos una función especial. Se trata de imitar a un animal.»

- «¿Cuál os parece que puede ser?»
  «La mariposa»
- «Sí, las mariposas tienen alas de mil colores y tan delicadas como nuestros pañuelos.»

Notas pedagógicas

- ■ Suscitar interés
- ▲ Dejar que traten de adivinarlo.
- ■ Con la comparación intentamos estimular la fantasía y facilitar a los niños la inmersión en un mundo diferente. La mariposa es idónea para este ejercicio porque transmite de una manera implícita la idea de la metamorfosis. La vida y la muerte se explican como transiciones, como fenómenos maravillosos y comprendidos de manera intuitiva durante el juego. Hay que tener presente que no morimos al final de nuestras vidas sino durante toda la vida: Las células se van reemplazando. Las etapas ya vividas son irrecuperables. Al mismo tiempo, sin embargo, siempre comienza algo nuevo. Por consiguiente, no hay nada que temer. Podemos esperarlo todo con alegría.

● «¿Alguno de vosotros sabe cómo son las mariposas antes de que les salgan esas bellas alas?»	▲ Escuchar las informaciones de los niños.
● «Para empezar, la mariposa pone unos huevos muy pequeños, de los que nacen unas orugas diminutas que comen y comen hasta ponerse gordas y grandes. Entonces se envuelven ellas mismas en una funda que se llama el capullo, y dentro de éste se produce un cambio maravilloso, y pasado algún tiempo sale una mariposa de espléndidos colores.»	■ Desarrollar el área cognitiva.
● «¡Qué orden tan maravilloso encontramos en todo! Debemos alegrarnos y dar gracias por ello.» «Hoy trataremos de representar por medio de una danza ese crecimiento y ese cambio entre el huevo y la mariposa.»	■ Suscitar asombro y gratitud espontánea.
● «Vamos a pensar juntos cómo representaríamos en movimientos esa historia.»	▲ Recoger las sugerencias de los niños e incorporarlas en la realización.
● *Los diminutos huevos*: nos enroscamos echados en el suelo. *La oruga*: nos arrastramos por el suelo en busca de comida (esparcir por el suelo pañuelos que simulen las plantas de las que se alimentan las orugas). *La crisálida (en su capullo)*: Previamente habremos escondido pañuelos en los bolsillos. Ahora los utilizamos para envolvernos. Permanecemos un rato inmóviles, de pie. Luego nos estiramos, nos desperezamos poco a poco soltando al mismo tiempo los pañuelos, que se convertirán en nuestras alas.	■ Representación integral con intervención del propio cuerpo y de los pañuelos.

- *La mariposa*: Desplegamos las alas (un pañuelo en cada mano) y revoloteamos por la estancia, al principio con precaución, luego con movimientos más atrevidos, con giros, alzando las alas o volando a ras de suelo.

  ■ Estimular el movimiento creativo.
  ▲ Dejar que ensayen los niños.

- Que cada niño haga demostración de su «figura de vuelo» favorita; los demás la emularán.

  ■ Reforzar la confianza en sí mismos.

- *¡Las mariposas van al baile!* Distribuir a los niños por parejas y que jueguen juntos, bailando en círculos el uno alrededor del otro. Luego la mariposa A propondrá una figura de baile y la mariposa B la emulará, seguido de inversión de roles (de cuatro a seis figuras en total).

  ■ Estimular la conducta social (seguir las iniciativas de otro).

- Ahora hacemos calle en doble fila, a bastante distancia la una de la otra, e irá saliendo un niño de cada fila cuatro pasos adelante al encuentro del otro, «batiendo alas», para regresar luego a su puesto, y hasta que hayan salido todos.
  A continuación todo el grupo de mariposas bailan girando sobre sí mismas y acercándose mutuamente tres pasos, para luego alejarse otros tantos. A esta coreografía le sigue una repetición de la primera, de parejas individuales.
  Por último los dos niños de la primera pareja se darán la mano y pasarán juntos por entre las filas, bailando, para ir a colocarse al final y sentarse en el suelo mientras pasan sucesivamente los demás.

  ■ Aprender a prestar atención al grupo.

- «Ahora las mariposas están fatigadas y descansan. Duermen en sus flores favoritas y sueñan con el maravilloso baile de las mariposas. Están ahora tranquilas, descansando y soñando.»

■ Sosegar al grupo y que revivan lo que acaban de hacer.

- «¡Ahora despiertan todas! Nos desperezamos y nos estiramos, y resulta que las mariposas vuelven a ser niños. Vamos a confeccionar con nuestras "alas" un hermoso centro.» Que los pequeños, uno a uno, coloquen sus pañuelos en el centro de la estancia, disponiéndolo artísticamente de la manera que más le agrade.

▲ Retorno a la realidad y finalización de la actividad con una idea creativa.

Posibilidades de desarrollo

- Con un grupo de niños intentaremos formar una mariposa gigante, la reina de todas las mariposas. Hay que ensayar para ver cómo nos sujetaremos, a fin de poder «revolotear» sin descomponer la figura.
- ¿Tal vez plantar en nuestro jardín una «planta de mariposas» (lila común)?
- Construir mariposas recortándolas en papel seda de distintos colores.
- Leer juntos un libro que describa la metamorfosis de los lepidópteros. En primavera, al aire libre, observar las orugas. Con un poco de suerte quizás encontraremos una ninfa y podremos asistir al nacimiento de una mariposa.

Danza salvaje

¡Cuántas veces lo habremos oído en nuestra infancia! «¡No alborotéis tanto! ¡No gritéis! ¡Parecéis una tribu de salvajes!»

Sin duda, los aspavientos y los gritos no son oportunos siempre, ni en cualquier parte. Pero los niños necesitan tener oportunidad de desahogar el exceso de energía que llevan dentro. Precisamente porque hoy día viven sometidos a una algarabía de estímulos y andan siempre sobreexcitados, ese desahogo motriz de comportarse un rato como unos «salvajes» les resulta todavía más imprescindible, a modo de válvula de seguridad. Y no sólo eso, sino por la necesidad que todos tienen de entrar en contacto con la fuente primitiva de sus fuerzas, para cobrar confianza en sus propios recursos y sentir ese júbilo natural, esa alegría de vivir que constituyen el fundamento estable sobre el cual se edifica nuestro carácter y que más adelante ha de ayudarnos a sobrellevar los momentos difíciles.

Por salvaje que sea el juego, naturalmente es menester que se atenga a ciertas reglas. Esas condiciones sirven para asegurar la integridad de los niños. Por consiguiente, se prohibirá hacer daño a un compañero, y se limitará a un rato determinado en un lugar concreto el permiso para ser alborotadores y chillones. Sobre todo son importantes las reglas cuando nos consta que van a participar en el juego niños hiperactivos. Las comentaremos antes de iniciar el juego y pondremos la mayor seriedad en nuestras palabras. Los infractores no serán perdonados (normalmente).

La «danza salvaje» proporciona una excelente oportunidad para un juego agitado. Pueden gritar, gastar fuerzas, pero las condiciones previas evitarán que la situación se desborde. Qué liberación, alborotar sin recibir una reprimenda como de costumbre, sino invitados a hacerlo y tal vez premiados con un elogio.

Disposición básica

Estancia con mucho espacio, o jardín. En el centro, las piezas de color amarillo, anaranjado y rojo formando una hoguera simbólica, a ser posible aportando leños auténticos de madera.

Material

A ser posible, maquillaje (para las «pinturas de guerra», con ayuda de un espejo). Imágenes de aborígenes africanos o australianos.

Tamaño del grupo

Las primeras veces, hasta diez niños. Con la práctica sabremos controlar grupos más numerosos.

Música

Brent Lewis, *Earth Tribe Rhythms* («Doom Tac A Doom») o Guem Et Zaka, *Best of Percussion* («L'abeille»).

Instrucciones	Notas pedagógicas
«Mirad, niños, lo que tenemos en el centro de la habitación. Representa una fogata de campamento.»	
● «¿Quién ha visto alguna vez una fogata de verdad, o ha ayudado a encenderla?»	▲ Dejar que hablen los niños.
● Algunas personas encienden fuegos habitualmente, pero no viven entre nosotros. ¿Quién sabe algo de ellos? Son, por ejemplo, los indios de América, los aborígenes de Australia y las tribus de África. Ellos son los pobladores primitivos de esos lugares. He traído algunos retratos de estas personas (dejar que los niños miren las imágenes, concediéndoles tiempo suficiente). Los pobladores primitivos son grandes cazadores y también muy buenos bailarines. A menudo bailan todos juntos alrededor de la fogata. El juego de hoy será una visita a esos pobladores de la selva.	■ Desarrollar el área cognitiva.
● Los que quieran pueden pintarse como esas personas de las imágenes, que se pintan para no ser vistos en el bosque, o para darle un susto a alguien y que huya corriendo.	▲ Repartir las barritas de maquillaje y que los niños decidan por sí mismos si quieren pintarse y hasta qué punto van a identificarse con los pobladores aborígenes.
● Cuando todos estén a punto, cerramos los ojos e imaginamos que nos hallamos muy lejos, en el seno de las selvas vírgenes. Vamos a visitar una tribu africana.	■ Estimular la fantasía.

● «Escuchamos una lejana música de tambores, muy tenue al principio, y cada vez más intensa conforme nos acercamos.»

▲ Poner música de percusión con el volumen muy reducido y aumentarlo poco a poco.

● «Sí, ahora vemos las cabañas, la fogata y los habitantes, que están bailando.»

■ Fortalecer la capacidad imaginativa.

● «Ahora nos han visto y ríen alegremente. Nos hacen señas para que nos acerquemos y participemos en la fiesta. Entramos en el círculo y el jefe de la tribu nos enseña las figuras de su danza.»

▲ Establecemos la relación emocional.

● Para empezar caminamos en círculo pateando el suelo con fuerza.

▲ Cargar el peso del cuerpo sobre la pierna que pisa.

● Al mismo tiempo exclamamos con fuerza: «¡Ja, ja!».

■ La utilización de la voz favorece la relajación de tensiones.

● Notamos las plantas de los pies que patean con fuerza la tierra.

■ Desarrollar la sensibilidad propioceptiva.

● Al pisar agitamos los brazos al compás.

▲ Cada fase de la danza se ejecutará durante una vuelta completa.

● Ahora pateamos dos veces con cada pie, acompañando los movimientos con los brazos. Apoyamos las manos sobre los muslos, inclinados hacia delante, y seguimos pateando, la cabeza suelta.

■ Pisar la tierra con fuerza tonifica las piernas y los pies, además de establecer una vinculación con la Madre Tierra, cuyas energías absorbemos.

Indio o africano
aborigen quiero ser.
En las selvas bailaré
de lianas rodeado.
Escucho los tambores.
Marco el ritmo con los pies.
Libre y más libre yo seré.

● Erguir el cuerpo, poner los brazos en jarras y moverlos como si fuesen pequeñas alas, al tiempo que avanzamos a paso corto. Estirar los brazos hacia los lados y ligeramente doblados agitarlos como grandes alas de águila; ahora alargamos los pasos.	▲ Los pobladores aborígenes desarrollaron sus danzas observando la naturaleza que era su entorno cotidiano y los movimientos de los animales. Aquí emulamos los de las aves pequeñas y grandes.
● Alzamos los brazos y esgrimimos azagayas imaginarias, danzando al ritmo de la persecución.	▲ Ahora estamos en una partida de caza.
● Todos se vuelven hacia el centro del corro, pero sin deshacerlo, y arrojamos hacia el centro las imaginarias jabalinas (diez veces). ¡Hemos cobrado la pieza!	▲ Es necesario para llevar alimentos a la tribu.
● Gritamos con fuerza «¡uuaaaah!» (cinco veces).	▲ Celebramos de antemano el banquete que nos vamos a dar.
● Que cada uno grite lo que se le ocurra. Para terminar todos, de nuevo, «¡uuaaah!».	■ La emisión fuerte de la voz relaja tensiones. ▲ Como es un griterío regulado podemos controlarlo y mantiene la función constructiva.
● Ahora convergemos cinco pasos hacia el centro, al tiempo que con las manos nos llamamos los unos a los otros. Retrocedemos cinco pasos hacia fuera, las manos simulan un gesto de rechazo.	■ Practicar y saber interpretar la gestualidad de las manos.

● De nuevo avanzamos cinco pasos hacia el centro haciendo muecas horribles a los de enfrente, como para espantarlos, y lanzamos puñetazos al aire.	■ Utilizar y reconocer las expresiones faciales como medio de comunicación (en este caso, de intimidación).
● Damos otros cinco pasos hacia el centro con expresión sonriente; por último, nos sentamos en el suelo, a descansar alrededor de la fogata de campamento.	■ Expresión facial de cordialidad, utilizarla y reconocerla como medio pacificador. ▲ Reducir poco a poco el volumen de la música. ■ Tomar conciencia del contacto con el suelo.
● Soltamos la respiración, al tiempo que prestamos atención a la intensidad de la misma. Notamos cómo ha entrado en calor nuestro cuerpo.	■ Intensificar la sensibilidad propioceptiva.
● Cerramos los ojos.	▲ La música al mínimo, apenas audible.
● Qué bueno es bailar y poderse desahogar, gritar y hacer aspavientos.	■ Refuerzo positivo de lo hecho.
● Cuánta fuerza tiene nuestro cuerpo. Estamos fuertes y sanos.	■ Refuerzo de la confianza en uno mismo.
● También es bueno poder descansar y callar, notando el contacto del suelo y darnos cuenta de que nos sustenta.	▲ Enmudece la música. ■ Reconocer que tanto el movimiento como el reposo tienen importancia para nosotros.
● Agradecemos a los aborígenes la buena acogida y que nos hayan permitido bailar con ellos. Ahora regresamos a nuestra habitación y pasamos a otros juegos divertidos.	■ Desarrollar el sentido natural de gratitud.

Posibilidades de desarrollo

- Encender una fogata auténtica, como hacen los aborígenes, para guisar o asar algo.
- Adornarnos (como ellos) con materiales tomados de la naturaleza (coronas o diademas).
- Fabricar con ramas unas pequeñas lanzas arrojadizas (con las debidas precauciones y bajo vigilancia).
- Inventar un idioma «aborigen» fruto de nuestra fantasía.
- Construir tambores para tocarlos.
- Tratar de conseguir una filmación sobre África para proyectarla con los niños reunidos.
- Naturalmente, volver a la música de percusión para bailar y alborotar siempre que se nos antoje, ¡y comportarnos como unos salvajes!

Girasol, baila conmigo

Desde lejos se reconoce a los girasoles por su color amarillo luminoso. Es una flor grande, cuya contemplación produce alegría. Hasta en su nombre nos evoca el sol, el calor y la alegría de vivir.

Por su aspecto de «sol pequeño» que se puede tocar, resulta jubiloso para los niños, y es compañero de danza en la actividad siguiente.

Preparación

Antes de iniciar la danza conviene aprender con los niños la canción *Girasol, oh girasol.*

Girasol, oh girasol

Melodía: Marianne Weyerer

Texto: Sylvia Lendner-Fischer

1. Girasol, oh girasol,
   contigo quiero bailar yo.

2. Girasol, oh girasol,
   tú enciendes mi corazón.

3. Girasol, oh girasol,
   tú me traes la alegría.

4. Girasol, tu bello color
   a los campos da esplendor.

5. Girasol, oh girasol,
   los pajaritos te pican.

6. Girasol, gracias te doy,
   por crecer en mi tierra hoy.

7. Girasol, oh girasol,
   contigo quiero bailar yo.

Disposición básica

Una sala algo espaciosa, donde sea posible realizar una coreografía. Un ramo de girasoles preparado con antelación.

Material

A ser posible, prever un girasol para cada niño. Lo más bonito sería plantarlos en común durante la primavera. Después del ejercicio cada niño podrá llevarse a casa su «estrella solar». En las floristerías se encuentran variantes de belleza espectacular; pero en caso necesario también podrán compartir a razón de una flor para dos niños, que entonces cantarán las estrofas alternativamente.

Tamaño del grupo

Puede ensayarse con el grupo entero, lo mismo que con un número reducido de niños.

Instrucciones	Notas pedagógicas
● «Vamos a formar corro, juntad las manos. Contemplad los hermosos girasoles. Ayer aprendimos la canción del girasol, y hoy aprenderemos algo más acerca de esa flor.»	▲ Coloco en el centro el jarrón con el ramo de girasoles.
● «¿A qué tenemos que prestar atención cuando tomamos una flor?»	▲ Dejar que hablen los niños.
● «Hay que tener cuidado de no estropear el tallo, ni las hojas, ni la corola de la flor. Imaginaos que es un ser vivo, el retoño de una planta, y no la maltratéis.»	■ Sensibilizar a los niños de cara a una relación responsable con la naturaleza.
● Ahora los niños elegirán uno a uno su girasol. «Miradlos bien, sostenedlos con una mano y tocadlos con la otra, familiarizaos con ellos.» «Ahora bailaremos acompañándonos con las estrofas de la canción.»	▲ Si no hay flores para todos, hagamos que formen parejas. ■ Educar el sentido del tacto («comprender», abarcar una cosa con el tacto).

La canción del girasol

- *Girasol, oh girasol,*
  contigo quiero bailar yo.

▲ Recorremos la habitación marcando pasos de baile y sosteniendo la flor entre ambas manos.

- *Girasol, oh girasol,*
  tú enciendes mi corazón.

▲ Formamos un corro para girar sobre nosotros mismos y al mismo tiempo nos llevamos la flor al corazón.

- *Girasol, oh girasol,*
  tú me traes la alegría.

▲ Siempre recorriendo la habitación levantamos los brazos alzando las flores al aire.

- *Girasol, tu bello color*
  a los campos da esplendor.

▲ Nos balanceamos sobre las puntas de los pies y con los brazos hacia delante levantamos las flores hasta la altura de los ojos para verlas bien.

- *Girasol, oh girasol,*
  los pajaritos te pican.

▲ Recorriendo la habitación con la flor en una mano, el índice y el pulgar de la otra hacen el «pico» de las supuestas aves y fingimos picotear los girasoles.

- *Girasol, gracias te doy,*
  por crecer en mi tierra hoy.

▲ Giramos sobre nosotros mismos y nos llevamos la flor a la mejilla.

▲ Volvemos a recorrer la estancia apuntando pasos de baile mientras sujetamos los girasoles con ambas manos.

- *Girasol, oh girasol,*
  contigo quiero bailar yo.

▲ Seguir cantando y bailando mientras tengamos ganas de hacerlo.

- Ahora compondremos una flor grande en el centro con nuestros girasoles, ¡será el girasol más grande del mundo.

■ Desarrollar tendencias sociables.

- «Pongo la primera flor en el círculo y luego os tumbaréis todos alrededor y así formaremos la flor más grande del mundo.»
- «Mirad qué hermosa. Cerrad los ojos y tratad de imaginar otra vez los girasoles, las corolas amarillas, las hojas verdes, los gruesos tallos.»
- «Ahora abriremos los ojos y pondremos otra vez nuestras flores en agua, porque seguro que tendrán mucha sed ahora. Vamos a buscar un bonito lugar para nuestro ramo de girasoles y así podremos contemplarlo un par de días más.»

■ Transmitir a los pequeños la noción de que las aportaciones individuales son necesarias cuando se trata de conseguir algo grande.

■ Ejercitar la visualización.

■ Acostumbrarlos a guardar un rato de silencio.

■ Que sepan que las flores no resisten mucho tiempo sin agua.

▲ Si podemos disponer de una flor para cada niño permitiremos que se la lleven a casa.

Observación

Este tipo de danza adaptado a las condiciones de los pequeños también es indicado para fiestas infantiles.

Posibilidades de desarrollo

- Pintamos unos girasoles a gran tamaño sobre papeles de periódico o tiras de papel kraft para decorar la habitación.
- Jugamos a algún juego de pájaros al tiempo que consumimos pipas de girasol.
- Con tiza amarilla pintamos girasoles en la acera (evitar que ningún niño se aleje demasiado) y aprovechamos la figura para un juego de salto a la pata coja.

Yo soy un viento
pequeño y veloz.
Subo y bajo,
voy y vengo,
a todos digo
mi canción.
Al niño pequeño
para que duerma
y no llore
acaricio el cabello:
¡soy el viento que corre!

Soy el viento que corre

El viento es un compañero jovial, que reúne cualidades tan contrapuestas como la suavidad y la violencia. Por eso mismo me agrada introducir ese elemento en mis danzas con los pequeños. Ellos también aúnan lo indómito con la dulzura y saben manifestar lo uno y lo otro de una manera natural, como cuando representan al viento en su danza.

Disposición básica

Cualquier estancia sirve con tal de que ofrezca espacio suficiente para moverse y bailar. Ventilarla a fondo con antelación.

Material

Una varilla de sección redonda que sirva para colgarle objetos como tiras de tela blanca o de plástico.

Tamaño del grupo

De seis a ocho niños.

Música

René Aubry, *Libre parcours* («Fam Fam») o Rondo Veneziano, *Rondo Veneziano*.

Instrucciones

- Los niños entran en la estancia y se sientan en el suelo. Les hablamos brevemente de las estaciones y cómo se conocen. Según la época del año le daremos al viento un nombre, por ejemplo cierzo, céfiro, etc. En invierno puede iniciarse el diálogo con sugerencias como «¿qué sentís al bajar por la pendiente con los esquís?» o «¿por qué traéis los mofletes tan fríos?». ¡Es el viento frío, el cierzo!
- «Vamos a imaginar cómo hace el cierzo cuando sopla.»
  «¿Se puede ver el viento?»

Notas pedagógicas

- Desarrollar el área cognitiva.
- Vivencia total del viento. Lo ideal sería que soplase de verdad en este día un viento helado, entonces podríamos salir a experimentarlo realmente.

● «¡No, pero se oye y se siente!»	■ Estimular la percepción acústica.
● «Vamos a imitar el sonido del viento. ¡Fuuuu! ¡Uuuuuu!»	■ Estimular la expresión verbal.
● «Ahora nos abanicamos y también notamos el viento.» A continuación les enseño la varilla con las tiras colgantes.	■ Estimular la percepción táctil.
● «Eso nos servirá de cierzo ahora, y para que veáis cómo se mueve el aire he ideado esta varita para vosotros. Vamos a imaginar que somos los *hijos del viento.*» Se reparten las varillas, una para cada niño.	■ Crear motivación para la actividad siguiente.
● «Elegid vuestro lugar preferido».	■ Se trata de fomentar la decisión así como la percepción intuitiva.
● «Vamos a ensayar varios movimientos, pero antes quiero que os quedéis sentados en vuestros puestos y que probéis las varitas.»	▲ Invitar a una primera actividad ordenada.
● «Hay que tener cuidado para que no se rompan.»	■ Educar la atención y el sentido de la responsabilidad por los materiales recibidos.
● «Ahora caminaremos por la habitación con cuidado de no estropear nuestra varita ni la de otro niño.»	■ Recibir y saber interpretar instrucciones.
● «Vamos a imitar el sonido del viento.» «Sssssss-uuuuuuuhh-uuuhhh...»	■ Vivencia completa de movimiento y emisión vocal.

- «Vamos a escuchar ahora el ruido del viento en una grabación y haréis bailar vuestros vientos al compás.»
Los niños empiezan a moverse por la estancia.

▲ Poner la música (René Aubry, «Fam, fam»).

■ Escuchar música, sentirla y aprender a expresarla en forma de movimientos.

- «Escuchad esta otra música del viento. Con ella podemos caminar, saltar o agitar la varita que llevamos en la mano, según se le ocurra a cada uno.»

▲ Cambiar la música, por ejemplo a *Rondo Veneziano.*

■ Estimular la creatividad.

- «Ahora caminaremos juntos por la habitación, yo delante y los demás en fila india detrás de mí. Vosotros haced lo que yo haga, ¡a ver si nos sale al mismo tiempo!»

■ Aprender a interpretar instrucciones.

■ Practicar la danza en grupo.

- «Vamos ahora hacia delante y agitamos el brazo que lleva la varita, luego iremos hacia atrás con el mismo movimiento.»
La fila se mueve hacia delante agitando las varillas a modo de banderas, y luego marcha atrás con lo mismo. Cualquier niño que tenga una idea sobre cómo continuar emulando al viento puede ponerse a la cabeza de la fila. Por último formamos corro y bailamos en círculo.

▲ Buscar colocación.

- «Ahora podéis bailar como se os ocurra, pero siempre procurando que los vientos bailen con nosotros.»

▲ Poner una música que sea movida, bailable, por ejemplo «Rondo Veneziano».

■ Desarrollar el sentido del ritmo en los pequeños.

- «¿A quién le gustaría representar un número de baile a solas?»

▲ Al son de «Rondo Veneziano».

● Nos sentamos todos arrimados a la pared y hacemos de espectadores mientras el niño o niña nos ofrece su representación.	■ Reforzar la confianza en sí mismo.
● Aplaudimos a todos los niños que se avengan a bailar solos.	▲ Refuerzo positivo.
● A continuación formamos corro para representar juntos el gran vendaval. Todos movemos las varillas simultáneamente mientras giramos sobre nosotros mismos. Seguidamente avanzamos tres pasos adelante y luego tres pasos atrás.	▲ La parte final de la función podemos acompañarla con música o con la propia voz.
● Ahora nos arrodillamos y nos mecemos suavemente a impulsos de la brisa, hasta que ésta amaina y quedamos tendidos en el suelo. Los hijos del viento descansan.	▲ Bajar el volumen de la música o de la voz hasta que se imponga el silencio.
● Tendidos, inmóviles, evocan en la imaginación el invierno, cuando los hijos de los hombres practican el esquí o fabrican muñecos de nieve, mientras ellos, los hijos del viento, bailan.	■ Estimular la fantasía, recapitular el espíritu de la interpretación precedente. ▲ Transición a la actividad tranquila, al descanso y a la recuperación del ritmo respiratorio normal.
● Los hijos del viento están ahora muy quietos. Escuchamos su respiración. Inhalan y exhalan el aire tranquilamente, inhalan y exhalan...	▲ Un minuto aproximadamente de respiración consciente.
● Después de lo cual despiertan, se estiran y desperezan, hacen vibrar los músculos de brazos y piernas. Ahora ya estamos despabilados y podemos salir a jugar.	▲ Los llevamos a la estancia exterior y recuperamos fundamento (tierra) mediante ejercicios físicos.

Posibilidades de ampliación

- Ejercicio respiratorio, vivencia de ritmo y profundidad de la respiración. Podemos aprovechar la jornada siguiente para aprender este tipo de respiración. Yo levanto la varita y cuando lo hago, todos inhalan el aire. Mantengo la varilla quieta, todos retenemos el aire. Bajo la varilla, exhalamos. De esta manera vamos ensayando distintos ritmos, más rápidos y más lentos. Una variante más divertida: que al exhalar el aire los niños hagan ruidos imitando el del viento. O ronquidos al inhalar y exhalar. De este modo los pequeños aprenden jugando distintas modalidades de respiración, lo cual aumenta automáticamente la profundidad respiratoria.
- Sobre hojas de papel grande, dibujar imitando con el rotulador las «pasadas» del viento, como queriendo reflejar y retener los movimientos del aire.

A los peluches les gusta bailar

Todavía conservo un inquilino a perpetuidad, mi león de felpa. Cada vez que lo miro me alegro y noto una sensación de ternura. Me trae los recuerdos de muchos momentos afectuosos o consoladores de mi infancia. ¿Se concibe un mundo sin animalillos de felpa? Creo que nuestros hijos también se sentirían más solos si no los tuvieran. Pero no sirven únicamente para abrazarlos a solas. También se prestan a danzas y juegos de lo más agitado, que son especialmente apreciados por los pequeños.

Disposición básica

Cualquier estancia espaciosa y bien ventilada.

Material

Una mantita para cada niño, y que todos traigan su peluche preferido (con tal de que no sea demasiado grande).

Tamaño del grupo

Pueden participar muchos niños.

Música

De rock, por ejemplo Bill Halley, *Hit single collection* («Rock around the clock»).

Instrucciones

- Los niños sentados en corro, cada uno con su muñeco. Que hablen uno a uno para presentárnoslo y, en su caso, nos diga cómo se llama. Miraremos si hay muñecos que se parezcan (es decir, cuántos ositos, conejos, monas, etc., tenemos). «Qué bonito que hoy se hayan conocido nuestros animales y que vayamos a pasar un rato juntos.»

- «Quiero contaros un cuento que trata del oso Tom y del niño Tim.»

Notas pedagógicas

- Crear el clima emocional.

- Aporta motivación para la sesión de danza.

El oso Tom

Tranquilamente acostado en su mullida cama estaba Tom el osito al lado del niño Tim, su amo. Tim todavía estaba profundamente dormido, pero el oso Tom estaba despierto y cavilaba. No era mala aquella vida de osito de felpa, mimado y ocioso, descansando entre mullidos almohadones. Pero a veces, cuando veía que Tim jugaba con su amiga Anja, y que reían y bailaban, le daba un poco de envidia y echaba en falta esos pasatiempos, que le habría gustado conocer. Sobre todo le gustaba que Anja bailase girando sobre sí misma hasta echar a volar las faldas. Y eran impresionantes los grandes saltos que daba Tim, y cuánto deseaba entonces ser capaz de hacer lo mismo.

A lo mejor fue la intensidad con que pensaba el osito diciéndose cuánto le gustaría bailar, pero el caso es que Tim estaba soñando en aquel momento que bailaba con su oso Tom en brazos, y su amiga Anja llevaba a Tombo el elefantito, y todos bailaban un agitado rock and roll. ¡Ay, qué divertido era y cuántas figuras acrobáticas hicieron! Era más bonito bailar con el oso y con el elefante que solos. A lo mejor eran sólo imaginaciones, pero le pareció a Tim que el oso Tom y el elefante Tombo estaban más alegres que de costumbre.

Cuando Tim despertó se quedó mirando a Tom con aire pensativo. «Hoy bailaremos juntos, ¿quieres?», dijo, y le pareció que Tom asentía con grandes cabezazos.

- «Me parece que debe pasarles lo mismo a vuestros muñecos que al oso Tom. Por eso os he traído una música alegre para que bailéis con ellos lo mismo que Tim y Anja.»

■ Establecer la transferencia del cuento a la realidad.

- «Coged vuestros peluches y buscaos un lugar en la habitación.»
  «Cuando comience la música podéis bailar como queráis.»

■ Desarrollar el sentido de responsabilidad.

▲ Es importante que los niños puedan elegir su lugar y que lo hagan.

- «Recordad, no obstante, que a los muñecos no les gusta ser maltratados ni arrojados al suelo.»

■ Desarrollar responsabilidad y que aprendan a no estropear las cosas.

▲ Poner la música (no importa que el volumen esté algo alto).

▲ Conceder unos minutos de tiempo para que ensayen.

- «Pensad ahora una figura que os guste bailar con vuestro peluche para hacernos la demostración.»

■ Reforzar la confianza en sí mismo.

- «Nos colocaremos en corro y saldrán uno a uno los que quieran demostrarnos su figura. Los demás la imitarán.»

■ Que los niños interpreten la actividad como vivencia de grupo.

■ Aprender a dirigir y a seguir.

- Ahora que bailen todos los «ositos», después todos los «conejos», y así sucesivamente.

▲ Invitamos a que salgan un momento al centro todos los niños que tienen un osito, etc., hasta que todas las «especies» hayan tenido su turno.

Osos, liebres, gatos
conmigo van saltando.
Que bailen todos
me parece bien.
Salta, corre, baila
hasta que estés cansado,
luego un beso, y a la cama
a dormir abrazados.

● «Si todavía tenéis ganas de bailar, podemos hacer como si estuviéramos mirándonos en un espejo. Colocaos en filas de cuatro. Yo me pondré delante de vosotros y haré una figura, y vosotros la imitáis rápido rápido.»	▲ Realizar esta danza frente al supuesto espejo, si los niños todavía están suficientemente motivados. El adulto se coloca delante del grupo y éste emula las figuras simétricamente, es decir como se verían en un espejo. También podemos hacer que uno de los niños sirva de modelo a los demás.
● «Buscaos una manta suave y envolveos con vuestro muñeco, cerrad los ojos y abrazadlo.» «¡Qué bonito es bailar juntos y descansar juntos!	■ Descanso y recuperación. ■ Sentirse protegidos. ▲ La duración será de dos a tres minutos.
● «Ahora quédate muy quieto notando tu propio cuerpo, y cómo entra y sale el aire al respirar. Estás ahora completamente tranquilo y relajado...»	■ Educar la sensibilidad propioceptiva.
● «Por último, abre los ojos, desperézate, contempla tu muñeco y levántate.»	▲ Regresamos con los niños a la estancia exterior.

Posibilidades de desarrollo

- Jugamos con los peluches a tener un circo e imaginamos los números de circo más idóneos para cada uno. Hacemos que los niños los vayan representando.
- Juego de contacto corporal: Imaginamos que nosotros mismos somos peluches tumbados en un sofá y nos sentimos muy bien (cada pequeño toca a otro según se le ocurra). Este juego se propondrá sólo cuando veamos que los niños están motivados (proximidad-distancia).

El baile de las velas

Como dice la Biblia: «Dios dijo: Hágase la luz, y la luz fue hecha». La luz fue lo primero que Dios creó en este mundo. Donde hay luz yo puedo distinguir las cosas y reconocerlas. Me da seguridad y cobijo. Cuando soy portadora de una luz, voy alumbrando el camino para mí y para quienes me acompañen. Las luces terrenales, como la llama de una vela, o la luz del sol, simbolizan la Luz divina que nos recuerdan. Ante cada palabra amable, cada sonrisa, cada acto de buena voluntad, tal vez se enciende en el humano una luz. Con esas conductas nos convertimos en portadores de luz nosotros mismos.

Preparación

Aprendemos con los niños la canción siguiente (para la letra, véanse pp. 87-88):

Diálogo con los niños

«¿Qué hemos querido decir cuando cantamos *llevo, llevo, llevo mi luz afuera*? ¿Nos referimos a un candil o una vela? ¿O estamos hablando de otra cosa? La luz no es más que una imagen del amor, de la atención, de la sonrisa que podemos regalar a otros. Cuando alguien me regala una sonrisa, esa persona se siente feliz, y es como si hubiera salido el sol para todos.»

Reflexionemos: «¿Alguna vez hemos sacado afuera nuestra luz? ¿Cómo podríamos repartirla mejor en adelante? ¿Quiénes son los que están en las tinieblas? Propongámonos llevar una alegría a alguien».

Llevo, llevo, llevo

Melodía: Marianne Weyerer
Texto: Sylvia Lendner-Fischer

Disposición básica

Una estancia lo bastante amplia para montar una coreografía y que se pueda dejar a oscuras. Disposición del centro: Un plato con una vela grande, rodeado de cuencos con velitas pequeñas.

Material

Plato grande con vela grande y lámpara portátil para cada uno de los niños (sirve la cáscara de media naranja con una velita dentro).

Tamaño del grupo

Seis niños.

Instrucciones	Notas pedagógicas
● Entramos en la estancia. En el centro vemos un hermoso plato con un velón. «Por favor, sentaos alrededor. Ahora voy a encender la vela grande del centro y luego encenderemos con ésta todas las velas pequeñas.» Dicho esto cada niño podrá tomar una lámpara. «Yo os ayudaré a encender vuestras velas. Cuando estén todas encendidas apagaremos la luz de la habitación y veréis qué bonito.»	▲ De momento no oscurecemos la habitación. ■ Que aprendan a escuchar, entender y ejecutar instrucciones.
● «Ahora nos quedaremos un rato callados mirando nuestras luces. Fijaos en las llamitas pequeñas y el calor que dan, y su maravillosa luz.» Hoy llevaremos nuestra luz y le cantaremos una canción. Tened mucho cuidado con vuestras lámparas.	▲ Apagar la luz de la habitación. ■ Educar la percepción sensorial. ■ Aprender a considerar una cosa en silencio.
● «Cuidado con los cabellos, no los acerquéis a la llama.» Caminamos muy despacio por la habitación llevando las lámparas entre las manos, sin olvidar los rincones. Llevamos la luz a todas partes.	▲ ¡Atención! Les haremos una cola de caballo a los pequeños que lleven el cabello demasiado largo.
● «¿Habéis visto lo que ocurre con los lugares adonde lleváis vuestra luz? ¡Se iluminan!» «Regresad ahora con vuestras luces hacia la vela grande del centro. Todos sabéis la canción *Llevo, llevo, llevo...*»	■ Que hagan la prueba.

«Hoy, además de cantar esa canción llevaremos la luz de verdad, es decir, que aprenderemos un baile de candiles. Yo os enseñaré cómo se hace.»

- «Fijaos en mí y luego lo haremos todos juntos.»

■ Aprender por observación (aprendizaje de un modelo).

Canto:

▲ Asumo la dirección escénica y ejecuto la secuencia completa de los pasos una vez, a fin de pasar luego a estudiarla con los niños.

- *Llevo, llevo, llevo,*

▲ Nos colocamos en el centro de espaldas a la vela grande y avanzamos un paso cada vez que decimos «llevo» (es decir, que los pasos acompañan el primer verso).

- *llevo mi luz afuera.*

▲ Ahora, mientras cantamos el segundo verso, nos mecemos de izquierda a derecha y viceversa.

- *Quiero llevarla a todos*

▲ Nos volvemos con tres pasos en el sentido de las agujas del reloj, y otro más en caso necesario para recuperar la formación, mientras cantamos el tercer verso.

- *los que están en tinieblas.*

▲ De pie, quietos y mirando a la vela central grande, nos mecemos de nuevo de izquierda a derecha y viceversa, mientras cantamos el cuarto verso.

- *Llevo, llevo, llevo,*

▲ Con la segunda estrofa y al tiempo que cantamos «llevo, llevo, llevo», nos acercamos tres pasos hacia la vela central y seguidamente hacemos como en la primera estrofa.

● *llevo mi luz afuera.*	▲ Balancearse de izquierda a derecha y viceversa.
● *Quiero llevarla a todos*	▲ Nos volvemos en tres pasos (pierna derecha adelante, pierna izquierda en apoyo).
● *los que tienen una pena.*	▲ Balancearse de izquierda a derecha y viceversa.
	▲ Ahora quedamos otra vez de espaldas a la vela grande central.
● *Llevo, llevo, llevo,* *llevo mi luz afuera.* *Quiero llevarla a todos* *los que viven en tristeza.* *Llevo, llevo, llevo,* *llevo mi luz afuera.* *Quiero llevarla a todos,*	▲ Repetimos la combinación de pasos anterior para las estrofas tercera y cuarta.
● *que ahora ven el amor.* (Levantar la luz muy alta.)	▲ Con el último verso de la cuarta estrofa llevamos la luz hacia lo alto.
● Ahora lo intentaremos todos juntos. Pongámonos en corro alrededor de la vela grande mirando hacia fuera.	▲ Escuchar e interpretar instrucciones verbales para ejecutarlas.
● Cantamos nuestra canción *Llevo, llevo, llevo* (andamos tres pasos...). Ahora servimos de modelo para la coreografía descrita anteriormente.	▲ Comenzar despacio hasta que los niños dominen la secuencia de pasos.
● «Mientras bailáis, podéis pensar en una persona a quien os gustaría llevar la luz.»	▲ Esta idea habrá sido comentada en la sesión preliminar.

● Para terminar todos los niños dejarán su candil en cualquier lugar de la estancia y se quedarán de pie al lado del mismo. «Contemplad ahora las luces de la habitación. Somos felices cuando podemos llevar la luz a alguien, y alumbramos la oscuridad con cada una de nuestras sonrisas, nuestras buenas palabras o nuestra amabilidad.»

▲ Nos quedamos unos momentos disfrutando la conclusión.

Posibilidades de desarrollo

- Llevar una luz a una residencia de ancianos.
- Fabricar una vela bonita y regalarla.
- Colocar en un lugar hermoso una vela y encenderla a menudo para que nos recuerde la luz interior.
- Temporada de Adviento y Navidad: coleccionar varias velas, con las que traigan los niños, una cada uno. Este conjunto de velas nos servirá de calendario de Adviento, encendiendo una cada día que pasa. De cada una colgaremos un pequeño rótulo con el nombre de una virtud, por ejemplo «amor», «valentía», «fortaleza». Cada día inventaremos un cuento breve sobre el tema, o buscaremos ilustraciones adecuadas. También podemos contar sucesos de la propia experiencia que guarden relación con la cualidad del día, por el estilo de «la vez que me mostré más valiente fue cuando...»
- Representar el baile de la velas como celebración de Navidad (siempre y cuando se disponga de un local adecuado en esas fechas).

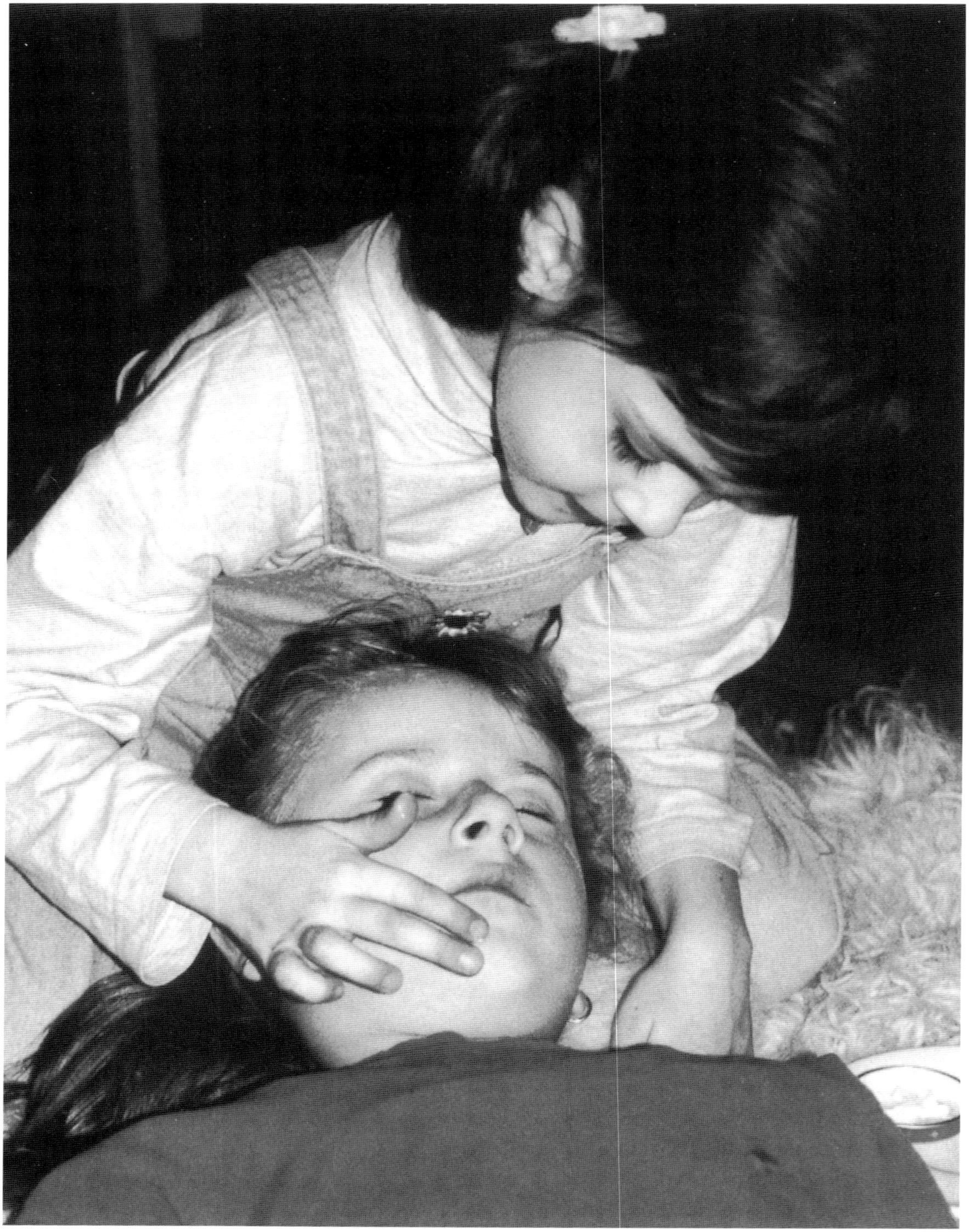

Masaje integral

Siempre constituye toda una experiencia el observar cómo se enfrentan los niños a una sesión de masaje, su capacidad para abandonarse y disfrutarlo, el bienestar que les produce. El contacto suave intensifica la percepción del propio cuerpo por parte del niño, lo que despierta la sensibilidad y la conciencia del propio ser. En nuestros tiempos, el niño viene a ser como un lago a cuyas aguas se arrojan muchas piedras. El exceso de estímulos y de impresiones los mantiene en estado de agitación y distracción constantes. Lo mismo que el lago se agita al recibir ese pedrisco, la infinidad de estímulos externos deja también su huella en el espíritu infantil. Un masaje cariñoso nos ayudará a sosegarlo. Con ello se restablece la base de su capacidad de concentración. Pero es que además el masaje les supone otra experiencia también muy importante, transmitida a través de los suaves contactos. El niño se siente aceptado, incluido en nuestro círculo. El masaje satisface la natural necesidad de ser querido. A través del cuerpo accedemos a su alma; ésta se abre y el niño entra en contacto con el manantial originario de sus energías. Instintivamente cobra conciencia de ser hijo de Dios. ¡El masaje le transmite la noción de que su cuerpo encierra vivencias maravillosas y de que vale la pena vivir! El encuentro consigo mismos les ayuda a aceptarse mejor. Si conseguimos transmitir esta experiencia a los pequeños, habremos creado las mejores condiciones para que lleven una vida sana y estable. Porque es necesario apreciarse uno mismo para vivir a gusto, y para tener un sistema inmunológico robusto. De manera que incluso padecerán menos dolencias y contagios. Para amar a los demás es preciso quererse uno mismo; entonces la felicidad y la satisfacción son mutuas. Ese «milagro del tacto» podemos verlo reflejado en el semblante de los pequeños cuando se dan masaje los unos a los otros. Incluso el que los mira no puede dejar de sentirse también conmovido.

Te toco y me asombro;
cómo me mueve ese contacto,
y noto que el cariño y la alegría
circulan entre ambos.

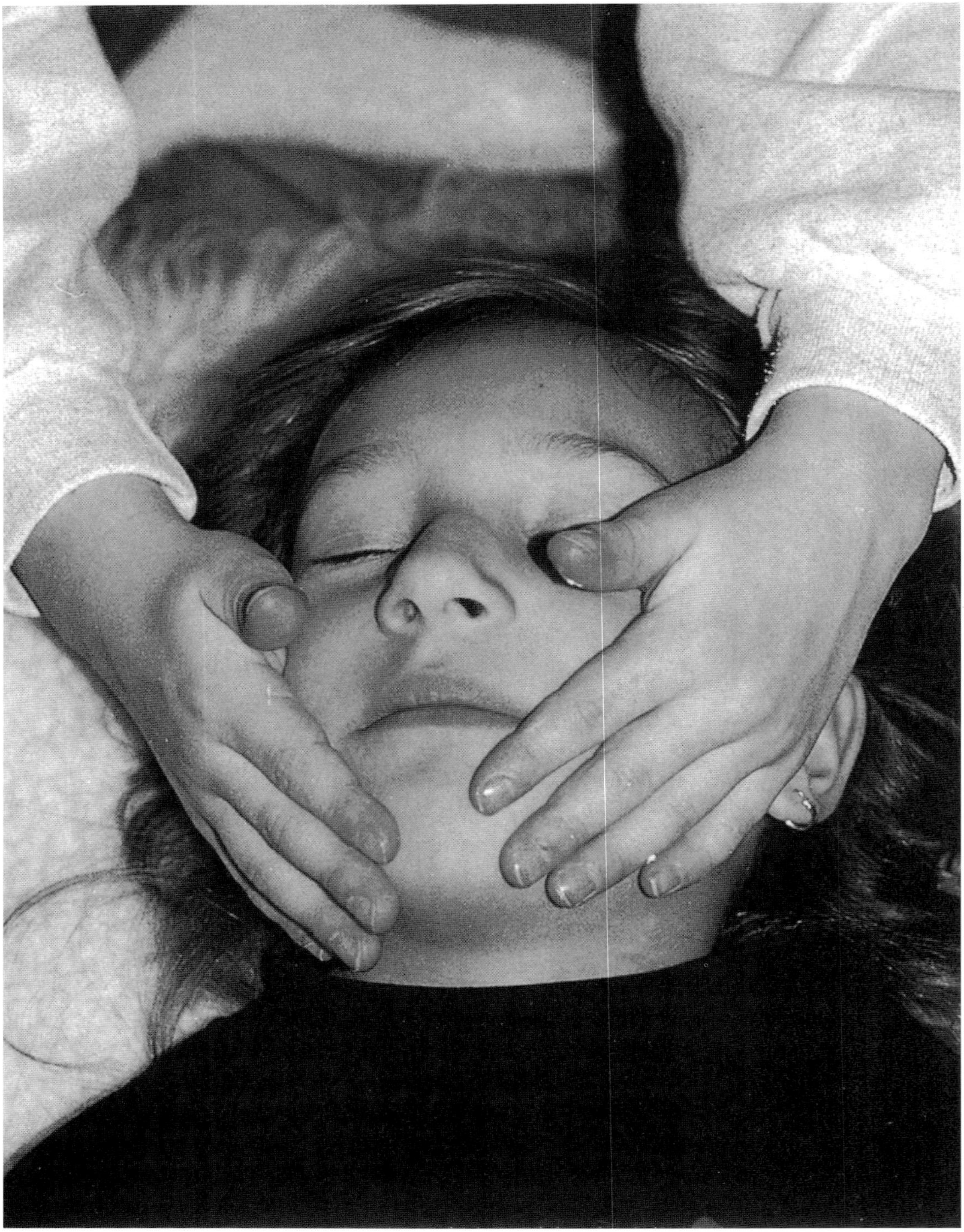

Mariquita sale de paseo (automasaje)

Esta actividad es idónea para facilitar a los niños la iniciación al masaje. Al inducir la identificación con animales conocidos el automasaje se convierte en un juego feliz y los motiva para otros ejercicios del mismo género. Vamos aprendiendo lo que se siente al cosquillear, amasar, pellizcar y acariciar el propio cuerpo. De esta manera se desarrolla el sentido de lo que hace falta para tratar con delicadeza el cuerpo de otro, introduciendo los masajes por parejas que practicaremos más adelante.

Disposición básica

En el centro: imagen o fotografía de uno o varios de los animales que vamos a nombrar, puesta sobre un bonito tapete.

Material

Como queda dicho, imágenes de una mariquita, un pajarito, un gato, y un trozo de tela con colores a juego.

Instrucciones

Nos sentamos formando corro alrededor de nuestro centro, consideramos las imágenes y charlamos acerca de los animales representados.

- «¿Cómo se llaman estos animales, qué costumbres tienen, qué es lo que comen? ¿Habéis visto alguno de cerca?»
- «Hoy os contaré un bonito cuento, pero necesito que me ayudéis vosotros. En ese cuento figuran los animales que aquí veis.»

Notas pedagógicas

- ■ Educar la facultad de expresión verbal, ampliar áreas cognitivas.
- ▲ Soy partidaria de animar a los niños para que cuenten experiencias propias.
- ▲ Mantener la motivación.

- «Ellos hacen distintos movimientos que vosotros iréis imitando sobre vuestro cuerpo. Primero os haré la demostración y luego vosotros lo repetís.»
  El cuento se titula
  Mariquita sale de paseo:

- En un día realmente hermoso, todo comienza cuando los dorados rayos del sol escalan el montículo donde está Mariquita durmiendo. La luz y el calor inciden sobre la hierba fresca que se enciende de resplandor verde-dorado, hasta que Mariquita despierta un poco deslumbrada.

▲ Empezando por abajo (por las piernas) las manos rozan el cuerpo hacia arriba. Los párpados cerrados.

- Con el ceño algo fruncido, estira las patitas.

▲ Fruncir el ceño, estirar y desperezar las piernas.

- «¡Un paseo matutino me sentará bien!», se dijo Mariquita y echó a andar muy contenta por el prado, haciendo cosquillas a la hierba con sus patitas. Al pasar cerca de unas matas en flor Mariquita oyó un pájaro que piaba y su canto era tan maravilloso que ella se detuvo a escucharlo. Normalmente Mariquita habría preferido esconderse, por si se le antojaba al pájaro desayunarse con ella, pero esta vez el canto le hizo olvidar las precauciones. Y cuando el pájaro acabó de cantar, ella exclamó asombrada: «¡Qué bien cantas, y qué bonito debe ser eso de ser un pájaro y poder sobrevolar las olas. Acércate un poco más y cuéntame tu vida!». Al escuchar tan amable invitación, el pájaro sintió el deseo de compartir sus experiencias.

▲ Cosquillearse el cuerpo con los 10 dedos simulando las patas del insecto que camina sobre la hierba.

- Bajando de su rama fue a sentarse junto a Mariquita, sin que se le ocurriese ni por asomo comérsela ni hacerle ningún daño.
  «Sí, es buena cosa ser pájaro porque uno vive muchas aventuras.»

  ▲ Colocar las manos con los pulgares juntos y los dedos hacia fuera como si fuesen alas. Simularemos el vuelo abriendo con la derecha hacia el lado derecho y, simultáneamente, con la izquierda hacia el izquierdo; luego retornan ambas manos al punto de partida, siempre rozando ligeramente el cuerpo.

- «Aunque supongo que tampoco estará mal eso de ser escarabajo, dormir todo el invierno y vivir siempre en tu país.»

  ▲ Cerrar los ojos; ahora interviene una breve pausa en el relato.

- «A veces he de volar muchas, muchas horas antes de poder posarme a descansar.»

  ▲ Emular los movimientos de alas, como antes.

- «Y otras veces, cuando más desprevenido estoy, se acerca un gato con sus suelas de terciopelo tratando de cazarme. Entonces he de remontar el vuelo, alto, muy alto, para que él no pueda atraparme. Y mi corazón de pájaro late tan fuerte como si fuese a estallar.»

  ▲ Apoyar ambas manos de plano sobre el cuerpo y rozar presionando ligeramente al tiempo que las movemos hacia arriba, hasta la cabeza. Repicar ligeramente con los puños por todo el cuerpo.

- «Desde lo alto me quedo contemplando cómo don Gato se afila las uñas en el tronco del árbol, y celebro haber salido bien librado una vez más.»
  «Así que debo pensar que el gato es un animal muy malo, pero bien mirado es lo mismo que hago yo con las lombrices. ¡Hay que comer para vivir!»
  «Es verdad –corrobora Mariquita–. Es lo que me pasa a mí con los pulgones de las plantas.»

  ▲ Arqueando los dedos para imitar una zarpa, nos «arañamos» ligeramente por todo el cuerpo.

«¿Sabes una cosa? –replica el pajarito–. A veces incluso me parece que comprendo al gato.»

- «El gato tiene el pelo tan sedoso que a los humanos les gusta acariciarlo y hacerle cosquillas. ¡Eso debe ser muy agradable!»

▲ Acariciarse el cuerpo con las manos y hacerse cosquillas (en todos los lugares donde tal cosa resulta especialmente agradable).

- La Mariquita y el pájaro se quedaron un rato pensativos, sentados en la hierba, sintiendo el calorcillo del sol.

▲ Descansar apoyando una mano en cualquier parte del cuerpo, de manera que nos permita sentir su calor.

- «¡Niños! ¿Cuál de esos tres animales os gustaría ser?»
  «Ahora que cada uno camine por la habitación imitando a su animal preferido?

▲ Que cada niño cuente por qué le gustaría ser mariquita, pájaro o gato.

- Por último los reunimos a todos para que descansen (fingiendo que duermen), o salimos todos a correr un rato al aire libre.

▲ Según nos convenga llevarlos hacia una fase más tranquila de sus juegos o salir a tomar el aire, haremos que los «animales» se duerman o que emprendan una actividad más enérgica.

Mis diez deditos
quieren salir de paseo.
En los piececitos
noto un cosquilleo.

Mis diez deditos
andando, andando
al descuido, en la oreja
se van entrando.

A esos deditos
una mariquita
les gustaría ser,
redonda y coloradita.

Observación

Este ejercicio, al igual que las actividades que se proponen a continuación, puede realizarse también por parejas. El adulto se mantiene en la función de narrador y cada niño realiza los movimientos del masaje con otro. A los pequeños les gustan las repeticiones, de modo que no hay inconveniente en permutar luego los roles mientras contamos la misma historia por segunda vez.

Posibilidades de desarrollo

- Preguntar a los niños cuántas especies de animales conocen y cómo las representaríamos sobre nuestro cuerpo.
- Un cuento que a mí me gusta mucho es el de los «enanitos corporales» que tienen su residencia en distintas partes del cuerpo (y los representamos con los dedos). Suelen visitarse con frecuencia; por ejemplo, el enanito del dedo es asiduo del enanito de la oreja. Unas veces van caminando, y otras dando saltos y resbalando. Cuando están fatigados se tumban a dormir (apoyar la mano sobre el cuerpo y descansar).
- Ejercicio breve para niños de corta edad: Somos olas del mar. Las manos acarician el cuerpo de arriba abajo como la resaca de la playa. Al mismo tiempo pasamos una cinta de ruidos marinos o hacemos escuchar una caracola.
- Otros elementos del clima que pueden simbolizarse sobre el cuerpo:

Los rayos del sol:	*Pasadas suaves con las manos.*
El trueno:	*Un leve golpe con el puño.*
El viento:	*Meneamos una pierna con ayuda de una mano.*
La lluvia:	*Golpeteo con las yemas de los dedos.*
El granizo:	*Un golpeteo un poco más fuerte.*

Juego de introducción al masaje en parejas

¿Cuánto puedo acercarme?

En este juego cada niño decide libremente el grado de aproximación que desea consentir. Debe aprender que también es posible decir «no» y esa delimitación puede ser una defensa útil para los niños. Que sepan defender su espacio vital necesario. Incluso puede servir para la prevención de abusos sexuales. Evitamos el error de la educación a la antigua, inculcar la desconfianza frente al contacto corporal, pero les enseñamos a hacer valer el propio criterio.

Otra regla general es que el niño jamás debe ser persuadido contra su voluntad a participar en una actividad de masaje. Si no tiene ganas, que no entre. Lo mejor sería, tal vez, crear la posibilidad de que vean cómo se «miman» los demás (por ejemplo, creando un rincón *ad hoc* en la sala de juegos).

Sucede a veces que precisamente el niño a quien suponíamos más necesitado de ese tipo de contacto se niega en redondo a participar. Una vez tuve en mi grupo a un muchacho de corta edad, al que llamaremos Manuel. Manifestaba una conducta muy agresiva. En su familia, al parecer, se prodigaban más las bofetadas que las caricias. Me parece que desconfiaba de la tranquilidad de nuestros ratos de masaje y, temiendo que aquello acabase mal, prefería no intervenir. Más tarde instalamos un rincón para masajes con almohadones, cremas, peluches y pelotas de diferentes tamaños. A la mayoría de los niños les gustaba mucho. Manuel los observaba con atención y de pronto, dando un codazo a un compañero y amigo suyo, le espetó: «¿Qué? ¿Entramos ahí?». Pero el otro no quiso y Manuel se quedó muy contrariado y visiblemente deseoso de meterse en su rincón. Al mismo tiempo tenía miedo de parecer un «flojo». Estuvo un rato moviéndose de un lado a otro, indeciso, hasta que de súbito echó a correr y tomó el rincón al asalto gritando «¡yo también quiero!». A las niñas les hizo mucha gracia y permitieron que se echase sin esperar el turno, y lo trataron a cuerpo de rey. De vez en cuando él iba dándoles órdenes con voz fuerte, para que no creyeran que él era un «flojo». Pero se veía que disfrutaba con los contactos y que era la primera vez que recibía de este modo la atención positiva de un grupo. Esto facilitó muchísimo su integración y para mí fue uno de mis momentos estelares como educadora. Os deseo que el masaje os sirva para disfrutar muchos de esos momentos hermosos con vuestros pequeños.

El juego preliminar nos permitirá distinguir quiénes son los niños que gustan del contacto y quiénes van a necesitar un poco más de tiempo para «abrirse».

Te veo a veces demasiado lejos,
añoro el calor de tu mano,
y te digo: «Ven, acaríciame,
que tienes en mí a un amigo».
Otras veces, demasiado cerca,
me quitas el aire que necesito
y sin embargo no te das cuenta.
Entonces digo: «Apártate un poco,
necesito más lugar para mí».

Disposición básica

Una habitación con espacio para moverse libremente.

Tamaño del grupo

Distribuimos a los niños en grupos de seis a ocho.

Material

Plumas, una tela o un trozo de alfombra de pelo largo.

Instrucciones

Dos niños sentados a cierta distancia, el uno frente al otro.

El niño A tiene una pluma en la mano y le pregunta al niño B: «¿Cuánto puedo acercarme?».

- B contesta por ejemplo: «Dos pasos».
- A vuelve a preguntar: «¿Cuánto puedo acercarme?». Respuesta de B, por ejemplo: «Tres dedos más».

El juego termina cuando B diga «hasta aquí no más», o cuando A esté tan cerca que B pueda tocarlo con la pluma.

- Ahora pregunta A: «¿Permites que te pase mi pluma?».
  B responde «sí» o «no». En caso afirmativo, dirá por dónde quiere que le pasen la pluma.

Notas pedagógicas

- Educar la autodeterminación.
- Educar percepción espacial (proximidad-distancia) y decidir en consecuencia.
- Aprender a decir que sí y que no (cuándo digo que sí en serio, y cuándo me niego definitivamente).
- ▲ Permutar roles.

Baile de naranjas (masaje con bolas)

La naranja tiene la propiedad de ponernos de buen humor; la forma esférica y el color anaranjado alegran, y el perfume que despide nos transporta al reino de los sentidos...

Con ella tenemos un excelente sistema para enseñar el masaje en pareja. Permite establecer una proximidad pero sin agobiar demasiado al oponente, porque es un objeto que se interpone entre ambos y, al mismo tiempo, los une. Se crea una confianza, lo cual facilita la relajación. En el caso de los niños el resultado es magnífico, porque intervienen al mismo tiempo el sentido de la vista, el del olfato y el del tacto. En el grupo se observa un ambiente de alegría sosegada, el mejor para sentirse a gusto y hacer algo agradable para otro.

Disposición básica

En el centro: Un cuenco lleno de naranjas, y un pebetero que difunda aroma de azahar (según las teorías de la aromaterapia, el azahar nos ayuda a aceptarnos y por tanto, reconforta todo nuestro ser).

Material

Para cada niño una naranja (lavada previamente), un cuchillo de mesa (o mejor, que lo maneje el adulto) y un plato pequeño.

Poner eventualmente música de fondo, que sea adecuada para la meditación, por ejemplo Kobialka, *Path of Joy*.

Tamaño del grupo

De seis a ocho niños.

Instrucciones

Antes de entrar en la estancia todos los niños se quitarán los zapatos e irán a sentarse cada uno en su almohada.

● «Contemplemos las naranjas. ¿Qué os parece, niños? ¿Qué vamos a hacer con estas hermosas naranjas?»
«¿Quizá nos las comeremos?»

● «Vamos a mirarlas con más detenimiento. Que cada uno tome una de ellas, la huela y la toque.»

Notas pedagógicas

▲ Introducirlos en la actividad.

■ Educación sensorial.

● «¿Qué os recuerdan esas naranjas? ¿Tal vez una bola, o una pelota?» «¿Qué se puede hacer con una bola? Tal vez echarla a rodar. Con un poco de cuidado también podemos echar a rodar nuestras naranjas sobre el propio cuerpo.» «Que cada uno de vosotros intente hacer rodar la naranja sobre su propio cuerpo.»	■ Educar la sensibilidad propioceptiva.
● «Para ello nos sentamos en el suelo y estiramos las piernas hacia delante.»	■ Escuchar instrucciones y aprender a interpretarlas.
● «Ahora hacemos rodar la naranja sobre las piernas procurando que no se nos caiga al suelo.»	▲ Dejarles tiempo para que lo ensayen.
● «¿Qué sentís en vuestras piernas cuando rueda la naranja sobre ellas?» «Acabamos de aprender una cosa que podemos tratar de repetir con un amiguito o amiguita.» «Aprenderemos ahora cómo se da masaje a otro con una naranja. Fijaos bien, os haré la demostración con uno de vosotros.»	■ Fomentar la expresión verbal, la conversión de sensaciones o sentimientos en palabras.
● Uno de los niños se tiende boca abajo y yo me siento al lado. Hago rodar lentamente la naranja por su espalda, las piernas y los pies; luego retorno con la naranja hacia arriba y hasta la nuca. Finalmente le paso la naranja sobre ambos brazos. «Así como os lo he demostrado yo podéis hacerlo con un compañero o compañera. Escoged vuestros lugares sobre la alfombra. Un niño se tumbará boca abajo y otro empezará a rodar sobre él la naranja.»	■ Aprendizaje imitativo.

● «Por favor, tratad al otro niño con mucho cuidado, no vayáis a hacerle daño.»

■ Desarrollar el sentido de la responsabilidad.

▲ Durante cinco minutos un niño da masaje a otro. Acompañar la actividad con una música tranquila.

● «Ahora contadme si os ha gustado dar masaje al otro, o recibir el masaje.»

▲ Estimular la comunicación.

● «Ahora el otro niño puede echarse para recibir el masaje.»

■ Que aprendan a seguir instrucciones.

▲ Darles unos cinco minutos de tiempo. Cuando ellos se manifiesten dispuestos a continuar, les concederemos tiempo para que lo hagan.

● «Vamos a hacer rodar tranquilamente la naranja y con eso le hacemos bien al otro.»

■ Despertar la sensibilidad.

● «Ahora nos sentamos otra vez todos juntos y nos contemplamos. ¿En qué se nota que le hemos hecho bien al otro? ¿Se distingue a simple vista?»

■ Aprender a interpretar el lenguaje facial y corporal.

● «¿Alguien quiere contar algo más?»

▲ Darles oportunidad para que se manifiesten.

● «Para terminar podemos comernos juntos una naranja. Yo la prepararé para que parezca una hermosa flor.»
«Fijaos bien. Corto la cáscara en forma de pétalos y luego abro los gajos de manera que parezca una flor de loto.»

■ Desarrollar el sentido estético.

● «Vamos a dar las gracias por la oportunidad de haber vivido juntos algo tan hermoso.»

■ Despertar el sentimiento de gratitud.

● «Contemplemos la flor en silencio.»

▲ Una breve fase de silencio.

A continuación cada niño podrá tomar un gajo y comérselo.

Posibilidades de desarrollo

- Con el resto de las naranjas podríamos preparar una macedonia. Cortar las naranjas por la mitad y sacarles la pulpa con una cuchara. Las cáscaras vacías convertidas en lámparas las utilizaremos para un baile de candiles (véase el capítulo sobre movimiento creativo).

- Repetir la sesión de masaje usando pelotas de goma y cantar unos sencillos versos:

  Rueda, rueda,
  rueda, bola roja,
  rueda, bola azul,
  rueda por todas partes.

  Esta variante es más bonita y gusta más a los niños cuando ya han adquirido un poco de práctica.

- De vez en cuando aprovecho el ejercicio del masaje con naranjas para contar un cuento, por ejemplo:

La pepita de naranja

Érase una vez una pepita de naranja que quería crecer, pero estaba enterrada y no tenía ni la menor idea de lo que era preciso hacer para desarrollarse.

Hasta que un día oyó una voz que le hablaba: «Mi pequeña pepita, estás madura y quiero ayudarte a crecer. Yo soy la Madre Tierra en donde vives, y que te transmite su fuerza. No tardarás en recibir la lluvia, ¡bébela!

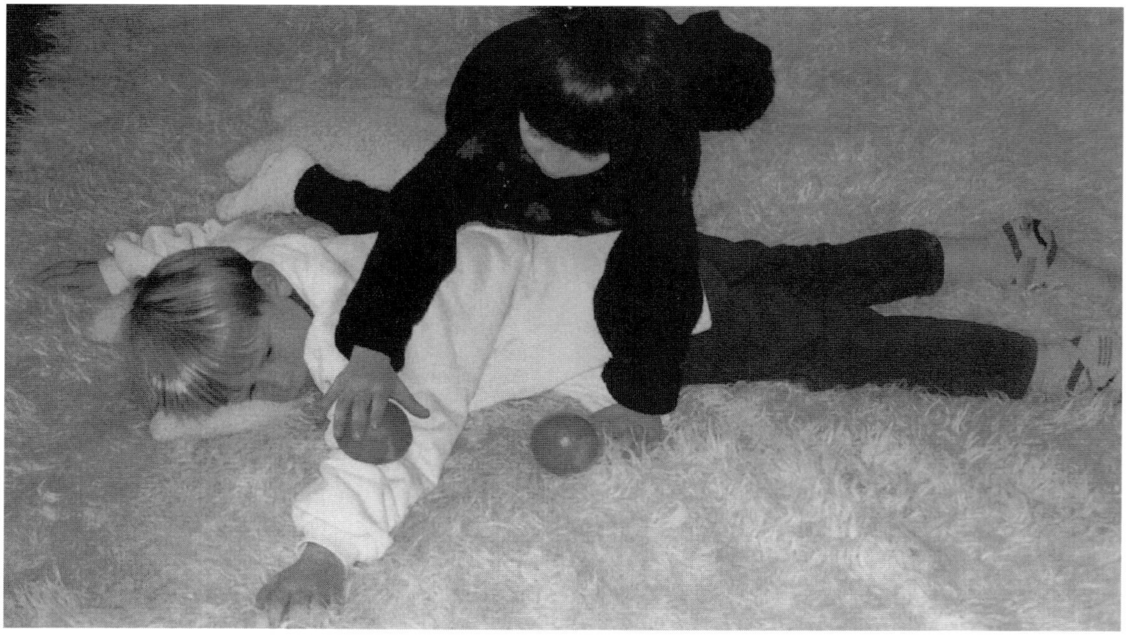

Y cuando llegó la lluvia y empapó la tierra, la pepita bebió todo lo que pudo, se hinchó y engordó. Al cabo de un rato salió el sol y calentó la tierra. El calor llegó incluso adonde estaba la pepita, que se sintió muy a gusto. De repente se oyó un leve crujido y la pepita se abrió y asomó un germen diminuto. Éste echó una raicilla y se estiró hacia arriba, hasta que asomó de la tierra. ¡Cuál no sería el asombro de la pepita al hallarse tan cambiada! Se había convertido en una plantita y recibía la luz del sol. A partir de ese día empezó a crecer mucho más deprisa, tal como ella siempre había deseado. (Aquí empezamos a dar masaje en los pies.) Cada día crecía más. (Hacemos rodar la naranja sobre las piernas, la espalda, los brazos. A partir de aquí, el cuerpo representará el tallo que crece hasta convertirse en un árbol.) El arbolito se hizo cada vez más fuerte. (Dar masaje en la espalda.) Le salieron ramas. (Dar masaje en los brazos.) Y él estaba muy contento. Le salieron flores, hasta que llegó el día en que empezó a crecerle una naranja en una rama. (Depositar la naranja en la mano del niño, fin del masaje y cambio de roles.)

Muchas veces los niños piden que se les repita la historia. Entonces podemos contarla todos juntos mientras las parejas cambian de roles y el que dio el masaje pasa a recibirlo. O bien poner una música suave.

Colgaremos en nuestra habitación una bella fotografía de un naranjo para que nos recuerde la necesidad de hacer el bien a los demás.

Rubia y redonda
como una pelota.
Derramo mi aroma
cuando me tocan.
Rodando rodando,
alegría reparto.
Adivina adivinanza,
soy la naranja.

Masaje mutuo de manos

Nuestras manos, ¡qué útiles son! Desempeñan una infinidad de funciones sin que apenas nos demos cuenta. Qué difícil sería vivir sin manos y qué poco caso hacemos de ellas. Lo damos todo por recibido sin fijarnos siquiera. La actividad siguiente servirá para cobrar conciencia de esa maravilla que son las manos, y daremos gracias por tener esas dos compañeras tan laboriosas.

Material

Un cesto con un trozo de alfombra de pelo largo, algodón, una esponja, un trozo de papel de lija. Crema de manos para el masaje. Un trozo de alfombra de pelo lago o un algodón para cada niño, luego podrán llevárselos a casa.

Tamaño del grupo

Seis niños distribuidos por parejas.

Instrucciones

- «Cada niño puede acercarse al cesto tapado y meter la mano para averiguar lo que hay dentro.»
  Comprobamos que hay cosas suaves y cosas ásperas.

- «¿Con cuál de ellas te gustaría que te acariciasen?»
  Se permitirá que elijan una alfombrilla peluda o un algodón, que pasarán a ser suyos y podrán llevárselos.
  Cada niño elige un amigo o amiga y compartirán manta para sentarse. Seguimos adivinando qué otras cosas podrían servir para acariciarse, mientras nos calentamos las manos.

Notas pedagógicas

■ Educar el sentido del tacto.

■ Educar la percepción.

▲ Animarles a probarlo también en casa si la actividad se realiza en la escuela.

- «Yo os enseñaré cómo dar masaje a vuestro compañero o compañera, después de acariciarlo con la alfombra de pelo o el algodón.»

■ Escuchar e interpretar instrucciones.

▲ Previamente daremos un poco de crema a las manos.

- Tomamos la mano del niño y la acunamos en la nuestra, casi como si fuese un bebé y quisiéramos mecerlo un rato. Con la otra mano cubrimos al «bebé». Así la calentamos y la mecemos a un lado y a otro.
  Seguidamente nuestra mano de arriba acaricia la mano del otro rozándola apenas trazando pequeños círculos en el dorso con las yemas de los dedos.

■ Crear y fortalecer confianza.

- Amasamos dedo a dedo entre el pulgar y el índice de nuestra mano, aplicando una presión suave. Pellizcamos la piel entre los dedos. Luego damos la vuelta a la mano para masajear también la palma. Finalmente envolvemos la mano entre las nuestras y guardamos un rato de reposo.

■ Estimula el sistema linfático.

- «Cuando hayamos dado masaje a la otra mano de nuestro compañero, nos quedaremos quietos un momento, atentos a las sensaciones de nuestras propias manos.»

▲ Cambiar a la otra mano.

■ Relajar ambos lados del cuerpo.
Los niños que han dado masaje adquieren conciencia de su acción.

Manos hacendosas nunca descansan,
todo lo tocan, todo lo palpan,
en la olla remueven la cuchara.
A veces juegan, a veces juegan.

Esas manos laboriosas
deja que descansen ahora.

Dame tu mano pequeña,
dame tu mano tan fina,
que yo con suavidad la acunaré
y sobre el corazón te la pondré.

● A continuación le toca al compañero.

▲ Dar masaje a cada mano durante unos 5 minutos.

● Devolvemos a la realidad a los niños con una campanilla o un cuenco sonoro.
Que todos se estiren y desperecen a fondo. Nos sentamos formando corro y comentamos la experiencia.
«Ahora todos nos daremos las manos otra vez para sentir la unión que hay en el grupo. ¡Así notamos que todos somos compañeros!»
Tocamos la suavidad de nuestras manos.

▲ Llevamos a todos los niños a la habitación exterior.

Posibilidades de desarrollo

- Inventamos un cuento de mucho movimiento para que los niños representen las acciones que se narran. En invierno, por ejemplo, han salido a esquiar, libran una batalla de bolas de nieve, escalan una montaña cubierta de nieve hasta que se dan cuenta del frío que tienen en las manos. Su mamá les dará masaje para calentárselas.

- Otro experimento interesante: hacer que todo el corro se dé las manos y que hagan como si no las tuvieran, para darse cuenta de lo difícil que resulta hacer las cosas sin manos (y de paso, la admiración que merecen las personas que se desenvuelven en tan desgraciada situación).

- Juego gestual acompañado de masaje: dos niños sentados frente a frente. Uno toma la mano del otro y deja que descanse sobre la suya. Con la otra representa un pequeño elefante que se paseará sobre la mano de su compañero, dedo a dedo (véase el poema inferior).

Un elefantito
anduvo de lado a lado
hasta tropezarse con un prado
(la palma de la mano).
Toda la hierba que encontró
(el dedo medio hace de trompa)
muy a gusto se comió,
¡ñam, ñam, ñam!
Como estaba cansado se durmió
y como roncaba todo retembló
(tomar la mano entre las dos nuestras y menearlas
como si retemblasen).
Hasta que él mismo despertó
y muy fuerte bostezó:
¡uuaaaaahhhh!
(dar la vuelta a la mano).
Entonces tuvo sed
y siguió andando de lado a lado
hasta que encontró dónde beber
(el dedo medio hace de trompa):
a la una (chup, chup, chup),
a las dos (chup, chup, chup),
todo el lago se bebió
y este cuento se acabó.

Masaje mutuo de pies

¿Cuándo hacemos caso de nuestros pies? Normalmente, nunca, excepto cuando nos duelen o están helados de frío. Es verdad que están muy alejados de la cabeza y por eso nos olvidamos fácilmente de ellos. Pero es lástima porque los pies son una pequeña maravilla. Observemos su relativa pequeñez en comparación con el peso que soportan toda la vida. Y recordemos que muchas enfermedades se remedian gracias a los masajes de la reflexología podal. Aunque no dominemos esa técnica, podemos dar masajes de pies con muy beneficiosos efectos para el organismo, el espíritu y el alma. Además suele gustar a los niños, sobre todo cuando intervienen también el agua y la espuma. El agua caliente potencia los efectos relajantes... e invita a participar.

Disposición básica

Habitación con suelo impermeable. En el centro: las jofainas arregladas en una disposición armoniosa, tal vez con algunos pétalos flotando en el agua y ésta aromatizada con un aceite esencial (por ejemplo, de geranio rosa).

Material

Para cada pareja una palangana medio llena de agua templada. Pétalos, aceites esenciales, una toalla, una bandeja con jabón líquido (atención, si la actividad se está realizando en la escuela, comentar con los padres, por las posibles alergias dermatológicas), una crema, una sillita para niños.

Tamaño del grupo

Ocho niños como máximo.

Pies, qué bonitos sois,
¡toda la vida andaré con vosotros!
El bosque y el río me enseñáis
para que yo pueda verlos.
Y cuando prefiero descansar,
simplemente os quedáis quietos.

Instrucciones	Notas pedagógicas
Todos los niños sentados sobre almohadones. Probablemente preguntarán enseguida para qué son las jofainas. «A ver si adivináis para qué vamos a necesitar estas jofainas con agua.»	
● Por lo general los niños contestarán «para lavarnos las manos». «En lo de lavar habéis acertado, pero no van a ser las manos... ¿Qué otra cosa podríamos lavarnos?» Esperamos hasta que alguien menciona «los pies». «¡Exacto! Vamos a lavarnos los pies, pero de una manera muy especial. En vez de hacerlo nosotros mismos, nos los lavarán. ¡Vamos a ser como los príncipes y las princesas en los cuentos!» «Antiguamente los príncipes y las princesas no se lavaban ellos mismos, porque para eso tenían criados y camareras. »Tal como acontece en el cuento que voy a contaros ahora.»	▲ Crear tensión (despertar motivación).

El sueño de la princesita

Érase una vez una familia real que vivía en un castillo, tal vez no el más grande pero sí el más bonito de todos los castillos. ¿Y sabéis por qué? Pues porque dentro de él sólo vivían personas felices... y ahora os explicaré cómo sucedió. Porque muchos años antes, aquel castillo era lo mismo que cualquier otro y no llamaba la atención para nada. Vivían allí el rey, la reina, el príncipe, la princesa y la princesita. Pero la mayoría de los que vivían y trabajaban allí eran sirvientes, los muchos criados y criadas de la familia real. Esta familia lo pasaba muy bien, ya que poseían todas las riquezas imaginables, oro, plata, joyas y piedras preciosas, de todo lo cual disfrutaban el reina, la reina, el príncipe y la princesa. En cambio, a la princesita no le llamaban la atención y le traían sin cuidado. Lo que le gustaba a ella era el parque del castillo con sus muchos árboles y flores encantadoras. Y sobre todo amaba a los animalillos que vivían allí. Por eso pasaba la mayor parte de su tiempo jugando en el parque.

Los demás de la familia real gobernaban el país para que todas las cosas tuviesen su lugar. También eran aficionados a hacer que les sirvieran grandes banquetes. A la reina le bastaba con expresar el deseo de comer algún plato especial para que todo el servicio corriera a procurárselo. El cocinero preparaba una de sus obras de arte, los criados la servían y las mozas de la cocina se encargaban luego de limpiarlo todo.

Cuando el príncipe y la princesa deseaban tomar un buen baño caliente, los criados y las camareras acudían para prepararlo todo. Llenaban la tinaja de agua caliente y le añadían agua de rosas y pétalos. Hecho esto las señorías se desnudaban y se metían en aquellas tinajas maravillosas. Pero el punto culminante del baño era el baño de espuma del príncipe y la princesa, cuando quedaban completamente envueltos, y luego los criados y las camareras les daban masaje hasta que ellos decían basta. Así transcurrieron muchos, muchos años. Pero cierto día los criados y las camareras dijeron: «Estamos hartos de servir. No queremos continuar de esta manera. ¡Que la familia real cocine, friegue, escarde las plantas y, sobre todo, se bañen y se den masaje ellos mismos si tienen ganas! ¡A nosotros nadie nos da masaje en los pies cuando los tenemos fatigados y doloridos! Más vale que nos dediquemos a plantar patatas y hortalizas que seguir viviendo así». Y dicho y hecho, todos los criados y todas las camareras se marcharon del castillo.

Los miembros de la familia real se quedaron no poco atónitos al ver que el servicio los abandonaba. ¡Fue entonces cuando se dieron cuenta de lo mucho que trabajaban los criados! «¡Hay que contratar nuevo servicio! –rugió el rey–. ¡Enviad a mis heraldos!» «¡Eso! ¡Enviad inmediatamente a los heraldos de Su Majestad!», bramó la reina. «Los heraldos también se han marchado», anunció el príncipe. «¡Oh!», exclamó la princesa.

En cambio la princesita reía sin poder contenerse. «¡Ay, papá, mi rey y señor! ¡Qué bien pareceréis haciendo de jardinero! Y vos, Majestad, mi señora madre, ¡cómo olerán vuestros cabellos al aroma de los pasteles! Vamos, hermano y hermana, ¡echemos nuestras prendas en los barreños y agitemos el agua con jabón para que levante mucha espuma!»

Entonces los miembros de la familia real se echaron a reír y comprendieron que, puesto que no tenían servidumbre, no quedaba otro remedio sino hacer lo que proponía la princesita.

No tardaron en sentirse fatigadísimos, sin embargo. El castillo era tan grande y había tanto que hacer... Lo peor era que después de la jornada no les quedaban ganas de tomar un baño caliente, porque era preciso acarrear ollas y más ollas de agua previamente puesta a calentar, hasta llenar las tinajas. ¡Ay!, que la familia real no encontraba solución para esta dificultad. Hasta que la princesita dijo: «He tenido un sueño de muy buen augurio. En mi sueño visitábamos a nuestros antiguos criados. Viajábamos por todo el país con nuestra carroza y llevábamos un barreño grande y mucho jabón de olor. Por todas partes buscábamos a nuestras gentes. Cuando los encontrábamos les pedíamos una jofaina de agua caliente para echarla en el barreño, y luego hacíamos que nuestros criados y nuestras camareras se sentasen, para lavarles los pies con el jabón perfumado.

La princesita dio una palmada de júbilo y exclamó: «¡Qué sueño tan hermoso!». Pero el rey y la reina tenían los ojos llenos de lágrimas. «Intentémoslo. Vamos a visitar a nuestros ex criados y camareras.»

Así lo hicieron, y consiguieron localizarlos a todos. Y todos los criados y todas las camareras a quienes habían lavado tan amorosamente los pies acordaron regresar al castillo para ayudar a la familia real.

«Queremos entrar de nuevo a vuestro servicio porque habéis demostrado que ahora sois una buena familia real y nos respetáis. ¡Cuidad vosotros de la buena marcha de los asuntos del reino, que nosotros cuidaremos de que no os falte nada!», exclamaron los criados y las camareras.

«Cuánto nos place –dijo el rey–. Sin embargo, y para que no se nos olvide cómo nos necesitamos los unos a los otros, nosotros os serviremos durante un día todos los años.»

«El rey y el príncipe transportarán las ollas del agua caliente, y yo, la reina, y la princesa os lavaremos los pies con ella», dijo la reina. «Yo me encargaré de echar los pétalos de rosas», se ofreció la princesita.

Así lo hicieron, y por eso todas las personas que vivían en aquel castillo, reyes y criados, fueron en adelante muy felices, y son bellos los lugares donde viven las personas felices, ¡por eso aquel castillo llegó a ser el más hermoso de todos!

- ● Nosotros también podemos jugar a ser príncipes, princesas y criados. Vamos a servirnos los unos a los otros, como en el cuento.
- ● Que cada uno elija compañero para el juego de lavarse los pies.

▲ Transmitir información y marcar la iniciativa.

■ Reformar las conductas sociales.

● «Ahora os daré una jofaina con agua perfumada y un buen jabón.»

▲ A los niños les gustan las pastillas de jabón moldeadas, por ejemplo en forma de flores, corazones o estrellas. Se puede utilizar también un champú neutro para obtener la espuma con más facilidad.

● El primero a quien haya tocado lavarse los pies ocupará una silla y se quitará los calcetines. Colocamos la jofaina delante de él. Según el tamaño podrá meter uno o ambos pies al mismo tiempo.

■ Educar la percepción sensorial.

● Hecho esto permitiremos que el otro niño enjabone los pies, les dé masaje con el agua jabonosa y finalmente los seque.
«Ahora vamos a sentarnos en corro y juntaremos nuestros hermosos pies para contemplarlos y frotarlos un poco, que es la manera que ellos tienen para dar las gracias.»

▲ Cambio de pareja.

▲ Con este tipo de masaje es difícil que haya sosiego; los niños ríen, se hacen cosquillas con la espuma y alborotan.

Posibilidades de desarrollo

- Sacar las huellas plantares de los niños en escayola: echar escayola en una bandeja y dejar que empiece a fraguar. Entonces se pisa con el pie desnudo, retirándolo enseguida con precaución.

- Salir al prado para pisar el rocío de la mañana con los pies descalzos (ejercicio tonificante según el sistema de Kneipp).

- Estampar huellas de colores sobre papel (o en la acera, siempre y cuando sea posible). Echar tiras largas de papel de periódico o de envolver. Los niños pisan la pintura y luego caminan sobre los papeles (actividad indicada para practicar al aire libre).

- Un pequeño masaje de pies presentado como juego:

«Uno, dos, tres, cuatro,
ahora sale del zapato.»
Tiramos de los dedos.
Hacemos movimientos con la planta y el dorso del pie.

Chattanooga choo choo (automasaje)

Se presenta como un juego de carácter movido: ¡la risa quita tensiones!

No sólo por esto es recomendable este juego, sino porque además relaja las articulaciones de los brazos, las manos y las piernas, con lo que se activa y potencia la circulación de la energía en el organismo. El método elegido viene a subrayar que el masaje no es una actividad «seria» sino un juego con el cuerpo propio o del otro, cuya finalidad consiste en crear ligereza y alegría. ¡Acompáñanos durante nuestra excursión ferroviaria!

Disposición básica

Una silla grande puesta a la cabeza del tren representa la locomotora. Le seguirá una doble fila de sillas pequeñas. Entre las hileras se dejará espacio suficiente para dar cabida a un niño de pie.

Material

Una foto de una locomotora a vapor antigua o cualquier otra imagen ferroviaria, un silbato de jefe de estación, la gorra (si se encuentra), billetes (recortados en papel), un sacabocados (para el revisor), una bandeja con galletas y un vasito de licor lleno de zumo.

Tamaño del grupo

De ocho a diez niños.

Instrucciones

- Dejar que los niños adivinen para qué van a servir las sillas. Cuando alguno haya acertado que representan un tren, preguntaremos quiénes han vivido la experiencia de un viaje en ferrocarril. Como puede darse el caso de que algunos niños la desconozcan:
- Contemplaremos fotografías de trenes. Por ejemplo la de una locomotora antigua, como es mi costumbre.
  Relatamos algunas experiencias del viaje en ferrocarril.
- «¿Cómo se mueven estos trenes? Avanzan sobre vías y se balancean con un vaivén, como ya habéis experimentado algunos de vosotros.»
- «Hoy jugaremos todos al juego del tren "Chattanooga Choo Choo". Todos tendréis que comprar el billete. Cuatro niños ocuparán las sillas en el sentido de la marcha, los demás se colocarán a espaldas de los que están sentados y se encargarán del "vaivén del tren". ¿Adónde os gustaría viajar? ¿Pongamos que a la India?»
- «Para empezar, los que están de pie apoyarán las manos sobre los hombros de los que están sentados.» Yo asumo las funciones del revisor.
- «¡Pasajeros al tren! ¡Este convoy va a salir dentro de un minuto!»

Notas pedagógicas

- ■ Suscitar la motivación.
- ■ Desarrollar la sensibilidad visual.
- ■ Desarrollo del área cognitiva.
- ■ Interpretar instrucciones y ponerlas en práctica.
- ■ Educar el sentido del tacto, fomentar la sensibilidad propioceptiva.
- ▲ Prodigar manifestaciones verbales para prestar interés al juego.

● Toque de silbato... Al mismo tiempo haremos que el tren se ponga poco a poco en marcha.	▲ Dar la señal con el silbato y que ellos conozcan este uso ferroviario.
● Chuf, chuf, chuf...	■ Jugando con la onomatopeya.
● A cada «chuf» los niños que están de pie imprimirán un movimiento de vaivén a los hombros de los sentados, acelerándolo progresivamente conforme cobra velocidad la supuesta locomotora. El balanceo puede darse de derecha a izquierda, y viceversa, o de adelante atrás, y viceversa.	■ Relajar los hombros.
● Pasa el revisor pidiendo los billetes. Que todos saquen sus billetes y los hagan perforar.	▲ Perforar los billetes con el sacabocados. ■ Los niños aprenden las cosas que suceden durante un auténtico viaje en ferrocarril.
● Un toque de silbato indica que el tren se dispone a entrar en una estación. Los niños que están de pie se sientan o se arrodillan al lado de los sentados y les levantan el brazo con ambas manos.	▲ Indicación de cambio de juego.
● Al ritmo del «chuf, chuf», sacudir ligeramente los brazos de arriba abajo y viceversa. Sin olvidar el ocasional «piii, piii» del silbato de la máquina.	■ Desarrollar el sentido del tacto y la sensibilidad propioceptiva corporal. ■ Relajar la musculatura de los brazos.
● Un nuevo toque de silbato anuncia que el tren va a salir de la estación. Los niños pasan al lado opuesto y relajan el otro brazo. Un toque corto hace saber que hacemos la pausa para merendar.	■ Aprender a interpretar señales.

● Ahora imaginamos que hemos pasado al coche-restaurante. El revisor reparte entre los niños las galletas y el zumo. Después de la merienda puede ser agradable una cabezadita.	▲ Mantener la motivación.
● Los viajeros levantan las piernas (sobre las sillas de delante). Sus oponentes se arrodillan junto a la pierna derecha y apoyan con suavidad ambas manos sobre el muslo del niño echado.	▲ Dar tiempo para que se relajen y sosieguen. ■ Despertar la percepción interior.
● Seguimos con el «chuf, chuf» pero atenuado mientras meneamos un poco la pierna de un lado a otro, pasando luego a la otra pierna.	■ Soltar y relajar la musculatura de la pierna.
● «Con este movimiento logramos que descansen las piernas.»	■ Que aprendan a prestar atención al propio cuerpo.
● Hacemos ligeras cosquillas en la barriga a los viajeros. «Estación término ITALIA. ¡Señores pasajeros despejen el tren!»	▲ Devolverlos a la realidad.
● «Estamos a orillas del mar y vamos a darnos un chapuzón enseguida.» Los niños caminan por la estancia realizando movimientos natatorios con los brazos. «Ahora regresamos a casa.» En el viaje de vuelta los que antes dieron el masaje pasan a hacer de pasajeros sentados y los demás se colocan a espaldas de ellos.	▲ Darles un poco de movimiento.

- A una señal del silbato: ¡Pasajeros al tren, empieza el viaje!
Repetimos las operaciones de la ida.
Si después de esto hallamos que los niños todavía están motivados, podemos entrar en un juego de diálogo; también se puede asignar por turnos el rol de maquinista-jefe de estación-revisor que toca el silbato y perfora los billetes.

■ Escuchar e interpretar señales

Diálogo:

- Todos los niños pasan a ocupar el «tren». El revisor toca el silbato y perfora los billetes. Los demás salmodiamos la canción «chattanooga-choo-choo».

▲ Los brazos doblados y pegados a los costados simulan la maniobra de la locomotora adelante y atrás.

- Chuf-chuf-chuf.

▲ Movimiento de émbolo con los brazos.

- ¡Vamos a recorrer el mundo! Chuf-chuf-chuf.

▲ Movimientos de émbolo.

- ¡Que tengan ustedes buen viaje! Chuf-chuf-chuf.

▲ El movimiento se acelera.

- Toque de silbato del revisor.

▲ Final del juego, o cambio de revisor, hasta que les haya tocado el turno a todos.

Posibilidades de desarrollo

- El juego del tren también puede practicarse por parejas. Un niño tendido en el suelo será el tren, el otro se sienta a un lado y mientras silabean «Chattanooga-choo-choo» el que está sentado le aplicará el vaivén al «tren» para relajarlo.

- Construir un tren de cajas de cerillas y pintarlo (sin olvidar el coche-restaurante ni el coche-cama).

- Máquina de masaje: Recortar dos agujeros en una caja grande de cartón. Uno de los niños mete el brazo por un agujero, el otro hace lo mismo por el otro y tomándole de la mano le sacude el brazo al oponente.

- Idear otras «historias de vaivén» que puedan convertirse fácilmente en ejercicios de masaje, como «árboles bajo el viento»: brisa leve-ventarrón-vendaval, también practicable individualmente o por parejas. En la modalidad individual el niño se mece solo, representando un árbol aislado. Es una forma de movimiento creativo. Si se juega por parejas, el uno de pie o acostado mientras el otro le imprime movimiento; en este caso tenemos un ejercicio de distensión y relajación.

Masaje facial

«Lo lleva escrito en la cara», asegura una de nuestras expresiones corrientes. En efecto, el rostro revela nuestra manera de ser mejor que ninguna otra parte del cuerpo. Y como es una parte vulnerable, deberíamos tratarla con el mayor cuidado. En ella residen muchos órganos de los sentidos. Y éstos nos sirven para formarnos nuestra imagen del mundo. Por otra parte, no es raro que nos identifiquemos con el aspecto exterior de nuestro semblante. Por eso es tan importante que los niños comprendan que el rostro siempre es hermoso, con independencia de si presenta alguna que otra peca. Mientras efectuamos este pasaje llamaremos reiteradamente la atención sobre los ojos y les aseguraremos que son muy bellos y relucientes, además de útiles. O sobre la naricilla tan graciosa y tan necesaria para respirar, etc. Hay que reconfortar la autoestima del niño, que será la base para que más adelante se acepte a sí mismo y sepa valorarse. Podemos preparar este masaje con el ejercicio «Qué guapos somos» (viaje de fantasía), de manera que despierte previamente la sensibilidad facial. Se obtiene así un trato más considerado del niño con su pareja y asumen espontáneamente la responsabilidad por lo que están haciendo. Por otra parte sería aconsejable que ya estuvieran familiarizados con otras formas de masaje en pareja (con la naranja, con la mano, etc.). Para mí, la observación de los niños durante las actividades de masaje siempre constituye una sorpresa: La entrega y el cariño con que lo hacen, verdaderamente deberían servirnos de ejemplo a los adultos.

Disposición básica

En el centro: Imagen o fotografía de una cara sobre una base decorativa (en tela o papel).

Material

Un poco de crema de masaje para cada pareja. Si la actividad se realiza en la escuela, consultaremos previamente a los padres por la posible presencia de alergias, que puede determinar la elección del producto. En todo caso, también se puede dar masaje sin cremas. Para la dosificación pueden usarse como recipientes las tapaderas metálicas de los tarros de cristal.

Tamaño del grupo

Ocho o máximo diez niños.

Música

De tipo adecuado para la meditación, por ejemplo Enya, *Shephard Moons*.

Instrucciones	Notas pedagógicas
Cada niño podrá elegir su lugar y contemplaremos la imagen del centro. Nombrar las partes del rostro: los cabellos, la frente, los ojos, la nariz, las mejillas, la boca, el mentón, el cuello, las orejas.	
● A medida que se van nombrando, los niños acarician las partes correspondientes de su propia cara.	■ Educar la sensibilidad propioceptiva.
● «Vamos a explorar a fondo nuestra cara... vamos a tocarla. Recordemos que se debe tocar con mucho cuidado. Notad la suavidad de la piel. ¡Vuestras caras son bonitas!» «Ahora que hemos tocado nuestras caras ya sabemos que han de tratarse con cuidado, y lo mismo cuando toquemos las de nuestros compañeros. Hoy acariciaremos la cara de un amiguito o amiguita y le daremos un poco de crema y masaje.»	▲ Nuestra cara dice mucho de nosotros. Es la zona del cuerpo más abundante en órganos sensoriales y además tiene un gran número de músculos pequeños que muchas veces se hallan tensos. El masaje facial es muy agradable y nos ayuda a sentirnos aceptados.
● «Ahora podéis elegir compañero.» «Buscaos un lugar. Tenéis una almohada, una manta y un almohadón para sentaros.»	▲ Formar parejas.
● «Voy a enseñaros cómo se da el masaje a la cara.»	▲ Elegir a uno de los niños.
● «Fijaos bien. Voy a sentarme detrás de la cabeza del niño, así las manos llegan mejor a todos los puntos de la cara.»	▲ Demostración (aprendizaje a partir de un modelo).

Partes del cuerpo

Tu cara deviene paisaje.
Nunca pude tocarte antes
de esta manera, suave como lo requiere
la ocasión;
te acaricio y te doy las gracias
por permitírmelo.

Tus manos
¡qué suaves son!
Nunca me habían tocado antes así.
Confío en ellas, en esta ocasión callada,
me doy a ti por entero...

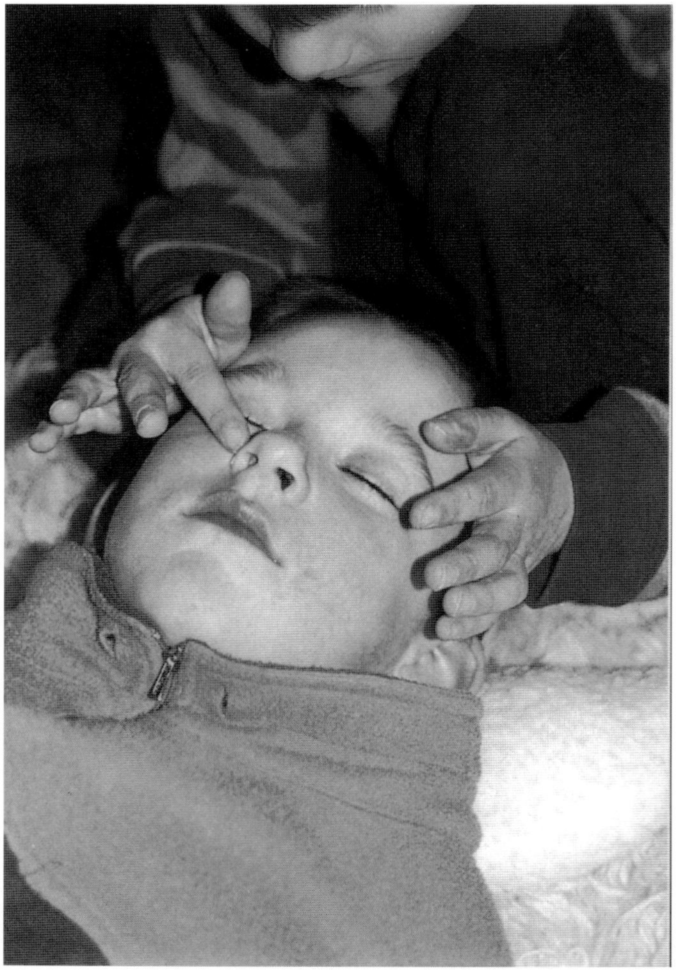

- «Para empezar le acaricio la cabeza y le alboroto un poco el cabello. Luego le aparto los cabellos de la frente. A continuación tomo un poco de crema y la extiendo sobre mis dedos. Empezamos a dar masaje en la frente. La acaricio con las yemas de los dedos.»

- Reforzar la conducta social.
- Educar la sensibilidad táctil.

- «Pero, ¡cuidado! ¡No hay que acercarse demasiado a los ojos! Cuando entra crema en los ojos, escuece.»

- Subrayar el sentido de la responsabilidad.

- Depositar una gota de crema en la punta de la nariz y repartirla. Seguidamente les toca el turno a las mejillas. Les damos un ligero masaje circular. Se puede dar un poco de crema a los labios, pero con mucho cuidado, evitando introducirla en la boca. A continuación amasamos un poco la barbilla alternando pasadas de los pulgares. El niño que recibe el masaje debe relajar la boca.

- Mirar y escuchar para aprender y llevar lo aprendido a la práctica.

- Para terminar damos un poco de masaje a las orejas. Apoyamos los dedos detrás del pabellón, y el pulgar delante. Ligero masaje circular.
  De dos a tres pasadas ligeras con ambas manos sobre la cara. Hecho esto nos sentamos en silencio al lado de nuestro compañero, para un breve descanso antes de invertir roles.

- Las orejas contienen muchos puntos reflejos; al actuar sobre ellos repercutimos positivamente en muchos órganos y partes del cuerpo.

- Cuando todos los niños se hayan dado masaje mutuamente, nos sentaremos en corro para contemplarnos. «¡Qué guapos somos!»
- Doy la crema a los niños.
- Poner música meditativa.
- Conceder de cinco a diez minutos de tiempo para el masaje.
- Cambio de roles y otros cinco a diez minutos para el masaje.

- Ahora para despabilar haremos un poco de gimnasia facial divertida con muecas de todas clases. Al mismo tiempo nos desperezamos y estiramos.
- Después del masaje los niños muchas veces quedan en relajación profunda y hay que devolverlos a la realidad. Con las muecas la musculatura facial recupera el tono correcto y se tonifica, así que ¡pongámonos a ello!

Posibilidades de desarrollo

- Fabricar máscaras faciales con vendas empapadas de escayola: ¡son reproducciones de nuestra cara!
- Adivinar por la sombra (con ayuda del proyector de diapositivas) quién es el niño que está detrás de la pantalla.
- Dar masaje a las caras con un par de pinceles gruesos de maquillaje, es una variante muy agradable.

Echado con todo el peso de mi cuerpo,
protegido entre vosotros,
en su lugar entre vosotros.
Echado con todo el vuelo de mi alma,
protegida entre vosotros,
en su lugar mi propio centro.
Echado con toda la fortaleza de mi espíritu:
¡su lugar está en todas partes!

Viajes fantásticos

En los viajes fantásticos distingo entre fantasías libres y viajes guiados. En la fantasía libre nos limitamos a proponer un marco general y dejamos mucho margen para visualizaciones propias. En el viaje guiado fijamos el escenario, los acontecimientos y las imágenes con relativo detalle. Estas dos modalidades responden a distintas intenciones. Tengo la costumbre de alternarlas con los niños de muy corta edad.

Sumergirse con los niños en el mundo de la fantasía significa esto para mí: aprovechar el poder de las ensoñaciones positivas para regalarles un espacio de libertad que con frecuencia no encontrarían ya en su realidad cotidiana. El viaje fantástico inaugura lugares para imágenes de creación propia, para que los pequeños se ensanchen y vivan paisajes habitualmente inaccesibles. Así se consigue a veces resolver problemas de una manera constructiva. En el viaje fantástico, el niño halla oportunidad de experimentar jugando con su valentía y sus temores, expresando así todo su ser. A los niños de edad preescolar les cuento historias que crean un marco no demasiado definido (fantasía libre); dentro de él pueden moverse y encontrarse a sí mismos. Los niños poseen todavía el pensamiento mágico; por eso no les resulta demasiado difícil el imaginar que son unos piratas en pleno océano tropical encendido de sol, aunque en la realidad esté lloviendo y haga frío en la calle. Al introducirlos en ese mundo de fantasía les enseñamos a utilizar su capacidad imaginativa para mantenerse sanos y alegres... por más tediosa que esté siendo en ese momento la vida cotidiana. Evidentemente, no es objetivo del viaje fantástico el hacer de los niños unos soñadores pasivos, ni acostumbrarlos a la inacción. Al contrario, se les enseña el camino para que se encuentren a sí mismos y sepan luego afirmarse en el mundo exterior. Los niños modernos viven sumergidos en las imágenes postizas de la televisión y en el laberinto virtual de los ordenadores. Como esas imágenes vienen a ser una corriente que reciben del exterior, fácilmente llegan a descentrarse. Gran parte de ese caudal queda sin asimilar, se reprime y retorna luego en forma de pesadillas. El viaje fantástico, por el contrario, consiste en sacar imágenes de uno mismo, creativamente, y esas imágenes armonizan con uno y ejercen un efecto beneficioso.

En el jardín de infancia, cuando quiero educar la capacidad de concentración de los pequeños (como preparación para la próxima etapa escolar), utilizo el viaje fantástico guiado. Se trata de inducirlos, de una manera agradable, a quedarse un buen rato sentados escuchando con atención.

Aunque se consigue con relativa prontitud la inmersión de los niños en los dominios de la fantasía, puede reforzarse enormemente la motivación de esa «televisión interior» decorando el centro con materiales agradables, bellos, bien coordinados con el tema a proponer (véase la Introducción de este libro). Los niños aman la magia que introducimos en la misma realidad, a veces sin que se necesiten para ello grandes medios.

Las fotos y demás imágenes crean buenas condiciones previas para que los mismos niños inventen el cuento. Así sucede, por ejemplo, cuando empiezo con las palabras: «Mirad, niños, qué flor tan hermosa. ¿De dónde habrá salido? Si hablase, ¿qué historia podría contarnos?».

Dicho esto, hay que permitir que todos aporten sus ideas. Soñamos con los ojos abiertos. ¿Puede darse más bella oportunidad para que los niños aprendan la expresión verbal, el lenguaje, por resumir en una palabra? Es el método más idóneo para que los padres, los pedagogos y los enseñantes introduzcan a las criaturas, jugando, en el reino de las palabras, y para que ellas aprendan a utilizarlas creativamente. Y cuando los pequeños han practicado los ejercicios de permanecer callados, muchas veces sucede que abren los ojos y exclaman: «¡Oh! Eso estuvo bien, ¿hay más?».

Entonces yo les correspondo manifestándoles mi satisfacción porque a ellos les haya gustado, pero no admito la continuación, no quiero que lo recién vivido quede sofocado por otra historia, porque eso sería corroborar los hábitos de consumo compulsivo. Y mi intención es la contraria, estriba en prolongar el instante creador de la criatura, y en transmitirle impulsos para que hable, pinte o represente por su cuenta, profundizando lo que acaba de experimentar y expresándolo a su manera.

En el viaje fantástico los niños encuentran satisfacción y confirmación auténticas. Se fortalece la confianza en sí mismos y se restablece la armonía originaria.

A los niños en edad escolar, el viaje fantástico libre después de largas horas de permanencia les ofrece una excelente ocasión para relajarse y restaurar energías. Concedámosles mucho tiempo para que puedan seguir el hilo de las imágenes que germinan dentro de ellos. En cualquier caso el viaje fantástico, libre o guiado, ofrece a los niños una introducción excelente que los prepara sin esfuerzo para una sesión de arte (representar, pintar, etc. lo que acaban de vivir) o incluso de lenguaje, iniciándolos en la descripción de sus experiencias y en escribir, lo que (a su tiempo) aprenderán a hacer directamente de la fantasía. Si hacemos esto, habremos cumplido como padres o pedagogos con los principios de la educación integral.

En nuestra condición de padres, educadores o enseñantes, también nos incumbe la responsabilidad de tomarnos un rato de vez en cuando para nuestra propia conservación y para dedicarnos a la ensoñación diurna. Imaginemos que por fin nos hallamos en ese lugar que siempre tuvimos deseos de conocer pero que, por diversas razones, nunca pudimos visitar. Una vez puestos en esa tesitura se nos ocurrirán fácilmente muchos viajes de fantasía para nuestros pequeños. O les preguntamos cuál preferirían ellos. A partir de los deseos que manifiesten pueden tejerse muchas fantasías viajeras. Sumérgete en tu aventura favorita, para poder regresar a la vida cotidiana con fuerzas renovadas y en estado de feliz relajación.

Sueños de delfines

Los delfines son unos habitantes de nuestros mares y del Amazonas, pero además figuran entre los animales míticos, en el sentido de que se han tejido alrededor de ellos muchas leyendas. Baste recordar las que le atribuyen sentido del humor y disposición bondadosa, capaz de ayudar a los marinos en apuros. Con independencia de lo que opinemos al respecto, los experimentos y las observaciones han demostrado que estos mamíferos poseen una gran sensibilidad y un notable instinto social. Se citan como ejemplo la hembra de delfín, que se mantiene cerca de la que va a parir, a manera de «comadrona», o las madres que guardan varios días de duelo cuando se les muere el bebé delfín y no quieren que las separen de él.

Es reciente la utilización terapéutica de los delfines para el tratamiento de los niños autistas. ¿No es maravilloso que una psiquis humana tan encerrada en sí misma se abra de repente al contacto con un ser vivo de otra especie? Para mí los delfines son especiales y creo que debe ser posible un entendimiento espiritual con ellos. Un viejo proverbio chino dice que «el delfín va a buscar la luz del cielo para dársela a la tierra».

Disposición básica

Telas azules y echar sobre ellas una lámina transparente (lo cual proporciona un simulacro de aguas bastante agradable).

Material

Cuenco lleno de agua; sal; una piedra preciosa; un aceite esencial eventualmente; cucharas o varillas; un paisaje marino; la foto de un delfín; una fotografía subacuática; ruido del mar grabado o un tambor marino si se puede conseguir.*

Tamaño del grupo

Ocho niños.

* El tambor marino es un instrumento de invención reciente que se utiliza con frecuencia en áreas terapéuticas y en meditación. Consiste en una caja de tambor llena de bolas metálicas. Al agitar esta especie de sonajero se produce un ruido asombrosamente parecido al del oleaje del mar. Además del efecto acústico se obtiene un estímulo óptico por observación del vaivén de las bolas a través de la membrana transparente. *(N. del T.)*

Instrucciones	Notas pedagógicas
Entramos en la estancia preparada y me quedo observando cómo reaccionan los niños ante la decoración.	
● Hablamos de lo que representan las telas y el plástico. Coloco la jofaina con agua y los invito a sentarse en corro.	■ Estimular la fantasía. ▲ Concretar lo representado.
● Luego hablamos de lagos, ríos y mares. «¿Quiénes de vosotros han visto el mar?» «¿Quién sabe qué diferencia hay entre los lagos, los ríos y los mares?»	■ Ampliar áreas cognitivas y de destreza verbal.
● «Voy a enseñaros una imagen del mar, fijaos bien.»	▲ Utilización de estímulos visuales; reforzar la motivación y suscitar concentración.
● «Imaginamos que somos una ola del mar y nos mecemos con suavidad.»	▲ Hacemos la ola balanceando el busto al tiempo que pasamos a postura arrodillada, o emulamos el movimiento de las olas con los brazos. ■ Expresión corporal asumiendo por completo el concepto representado.
● «Ahora el mar se agita cada vez más con la tormenta y las olas se hacen más grandes.» «Poco a poco la tormenta se va alejando y el oleaje disminuye.» Aquí los niños retornan en silencio a sus puestos.	▲ Variar los movimientos en consecuencia. ▲ Ahora interviene el tambor marino para reforzar el efecto.

● «¿Alguien conoce animales o plantas que vivan en el mar?»	■ Desarrollo de destrezas de lenguaje. ▲ Apoyar con presentación de una fotografía subacuática.
● Llevamos la conversación al tema de los delfines. Que los niños expliquen cuanto sepan acera de delfines.	▲ Mostrar la imagen de un delfín.
● Ejecutamos movimientos natatorios y saltos con los brazos y las manos (que representan los delfines).	▲ Mover el cuerpo en postura sentada. ■ Experiencia integradora.
● «¿Qué sabor tiene el agua del mar?» Es salada. Removamos el dedo para saber si el agua de nuestra jofaina también tiene sal.	■ Entrenar el sentido del gusto.
● Queremos obtener agua salada. Que cada niño eche un pellizco de sal. La removemos con la cuchara y volvemos a probar el agua.	▲ Tener preparado un salero y una cuchara o una varilla.
● «Voy a deciros ahora un secreto. Les haremos una visita a los delfines, pero antes hay que preparar el bálsamo mágico de los delfines.»	▲ Mantener la motivación.
● Les enseño a los niños el cristal y el aceite; a continuación coloco el cristal en el centro de la jofaina y añado unas gotas de aceite.	▲ Un cristal de roca o una piedra preciosa y un aceite esencial (limón o azahar).

- «¿Sabéis una cosa, niños? Para fabricar un buen bálsamo mágico es necesario que colaboremos todos. Podéis remover el agua de uno en uno, pero sin tocar la piedra que está en el centro ni mucho menos cambiarla de lugar. Al mismo tiempo invocaremos juntos al delfín diciendo "uno, dos, tres, acude desde donde estés".»

■ Excitar la fantasía de los niños.

■ La determinación de un centro (el cristal) fija la atención de los niños y aumenta la concentración.

- Cuando les haya tocado el turno a todos, el bálsamo mágico se considera preparado.

■ Fomentar el sentido de asociación.

- Para poder soñar mejor echaremos unas gotas de esencia en las manos de cada niño, y luego pueden frotarse con ellas la frente.

▲ Preparación del viaje fantástico.

- «Ahora todos los niños se echarán sobre la alfombra sin hacer ruido y cerrarán los ojos.»
  Inicio la parte narrativa.

▲ Comienza el viaje fantástico. Sonorizar con el tambor marino o música de oleaje.

- «Imagina que estás de vacaciones en el mar. Estás paseando por la playa y escuchas el rumor de la rompiente. El viento te alborota los cabellos.
  »A lo lejos, de pronto, aparecen los delfines, saltando alegremente de un lado a otro. Te regocijas viendo a esos animales tan hermosos y amigos. Te gustaría acariciar un delfín. Entonces el más bello de todos se acerca nadando.
  »El delfín te está mirando, ¡y entonces te das cuenta de que entiendes el lenguaje de los delfines! El delfín dice:

▲ Dar un margen de tiempo a la fantasía.

● »"Acércate, acaríciame, soy tu amigo. Si quieres puedes montar sobre mi espalda y te presentaré a mis compañeros. Yo cuidaré de ti y no te pasará nada."	▲ Dar tiempo al libre juego de la fantasía.
● »Y te vas mar adentro con tu amigo el delfín, y todos los delfines te saludan con gran júbilo y quieren ser amigos tuyos.	▲ Conceder una pausa.
● »Los delfines te cuentan que les gustaría ser amigos de los humanos, pero que algunos de éstos contaminan los mares, por desgracia, por lo que ellos enferman. »Pero se les olvida enseguida y siguen jugando alegremente contigo en el agua. »Hasta que empiezas a sentirte cansado, y tu amigo el delfín se da cuenta enseguida y te transporta a la playa y se despide diciendo:	■ Conceptos medioambientales.
● »"Hasta otra vez, mi pequeño amigo."	■ Despedida al tiempo que transmite la convicción de que los ratos hermosos volverán.
● »"Qué maravilla que nos hayamos conocido. Ahora me voy con mis compañeros y tú tendrás que regresar a casa, pero volveremos a vernos. El que ha probado una vez el bálsamo mágico del delfín siempre puede regresar a visitarnos."	■ Reforzar la conciencia de la propia valía.
● »"No necesitas más que cerrar los ojos y pensar en mí." »Entonces te despides de tu amigo el delfín acariciándole el lomo una vez, y él se aleja hasta desaparecer en el mar.	▲ Estimular de nuevo la fantasía de los niños.

- »Pero antes se ha despedido de ti agitando la cola.»
- ▲ Pausa para darles tiempo.
- «Ahora inhala y exhala con fuerza el aire, desperezа el cuerpo y sacude un poco las manos y los pies.»
- ▲ Para devolverlos a la realidad.
- «El que quiera puede contarnos lo que ha vivido y dejaremos que juegue un rato con nuestro delfín de peluche.» Todos acariciaremos a nuestro delfín y buscaremos un bonito lugar en la habitación para nuestro amigo.
- ■ Estimular destrezas verbales.
- ▲ Que los niños recuperen el contacto con la realidad.
- ▲ Utilizar animal de felpa.

Posibilidades de desarrollo

- Movimiento creativo con delfines recortados en cartulina. Los confeccionamos dándoles aproximadamente la longitud del antebrazo de los niños y los fijamos a los brazos de éstos con gomas elásticas. Ponemos una música alegre y organizamos una coreografía en ese mar imaginario.
- También la pieza de plástico puede servir de mar imaginario. Los niños la agitarán para simular el oleaje mientras uno o dos niños echados sobre ella hacen de delfines realizando movimientos natatorios.
- Colgar del techo delfines de peluche, mediante gomas elásticas. Los niños tratarán de alcanzarlos saltando, y así harán saltar a los delfines a su vez.
- Los delfines y las ballenas pueden ser centros de interés durante algún tiempo. Hay organizaciones que nos permitirán apadrinarlos mediante una módica aportación económica.

Tu amigo muy especial

Hace años mi gran amiga Rosmarie y yo éramos inseparables. Paseábamos de la mano por todo el pueblo y jurábamos que ocurriese lo que ocurriese no nos separaríamos nunca. Y aunque dicha aspiración infantil nuestra no se cumplió, en su momento esa amistad fue un gran refugio para ambas y una etapa necesaria de nuestra evolución. No todos los niños, por desgracia, tienen la suerte de contar en todo momento con un amigo o una amiga en quien confiar. La imaginación acude entonces en ayuda y puede aportar un consuelo significativo para el niño. Con frecuencia éste desearía tener una mascota a quien dedicar su cariño; lamentablemente las condiciones familiares y de vivienda muchas veces no lo permiten. En todos esos casos, el viaje fantástico permite satisfacer en cierta medida este tipo de anhelos: el juego con un compañero, la amistad sentida, etc.

Un hecho no muy conocido es que los indios de América del Norte conocían y utilizaban este recurso del «viaje onírico», evocando en el fuero interno la presencia del animal totémico que les transmitía su fuerza y su valor en las situaciones apuradas.

Quien tiene un amigo tiene alegría,
quien tiene un amigo tiene felicidad.
Un amigo sana todas las heridas,
es como el bálsamo mágico del delfín.

Disposición básica

En el centro: Cesta con animal de peluche, eventualmente acompañada de decoración hecha con elementos de la naturaleza.

Tamaño del grupo

De ocho a diez niños.

Instrucciones

- Tomamos asiento sobre una alfombra. Luego saco el muñeco y hago que hable a los niños: «Queridos niños, ¿no os parece que soy un (pongamos un erizo) muy guapo? ¡Y además tengo un gran secreto! ¿Queréis que os lo cuente? Yo sé cómo se puede contar siempre con un amigo especial, con ese amigo que os está esperando?»

Notas pedagógicas

- Suscitar interés.

● «Para ello podéis tenderos sobre la alfombra, que está blanda, y poneos cómodos. Vamos a emprender un viaje de fantasía para conocer a nuestro amigo.»	■ Interpretar instrucciones y llevarlas a cabo.
● Para facilitar la ensoñación, que cada uno empiece por notar su propio cuerpo mientras permanece tendido sobre la alfombra. «Nota la cabeza, el cuello, la espalda y las nalgas, las piernas y los pies. Nota cómo descansan sobre la alfombra tus brazos y tus manos. Ahora cierra los párpados. ¡Visitamos a un amigo muy especial! Imagina que estás paseando por la orilla de un lago, y en medio del lago hay una pequeña isla, que es donde vive tu amigo.» «En medio de los juncos descubres una bonita barca de remos, pequeña. Te metes en ella...»	■ Enseñar a tomar conciencia del propio cuerpo.
● «Al principio tendrás que remar con denuedo... ¡pero de pronto la barca sigue avanzando con gran facilidad... parece que los remos se mueven solos y la embarcación vuela sobre la superficie del agua!»	■ Estimular y elogiar el esfuerzo propio, capaz de desarrollar hazañas insospechadas.
● «Ves cada vez más cerca tu isla, y te alegras porque sabes que allí te espera alguien muy querido. Saltas de la barca y la sacas a la playa.»	■ Despertar expectación.

● «Los pájaros pían y luce un sol espléndido. Siguiendo un sendero de tierra te adentras en el bosque. Los rayos del sol se cuelan por entre el ramaje... oyes el rumor de los árboles...»	▲ Ganar tiempo.
● «Entonces se te acerca un animal encantador dando muestras de querer ser amigo tuyo... y te das cuenta: ¡ahí está tu amigo!»	■ Encuentro con el «animal talismán». ▲ Ganar tiempo.
● «Resulta que tú entiendes el lenguaje de los animales, y tu amigo entiende el lenguaje humano. Tú sabes que a él puedes contárselo todo, tanto lo triste como lo alegre, porque él es tu amigo muy especial, y siempre se le ocurre una buena solución: ¡siempre estará dispuesto a ayudarte!»	● El deseo de contar con un amigo de confianza puede realizarse.
● «Acaricias con mucho cuidado a tu animal, y jugáis el uno con el otro.» «Poco a poco se va haciendo de noche y tienes que volver a casa.»	■ Aprender el trato considerado con los animales; despertar la sensibilidad.
● «Despídete de tu amigo. ¿Qué te gustaría decirle? ¿Qué te dirá él a ti? Te acompaña hasta la barca y te despides agitando la mano. La barca se desliza veloz sobre el agua, de regreso a tierra firme, y tú sabes que volverás a ver muy pronto a tu amigo.»	▲ Para terminar, dejar que los niños cuenten la historia.

Para completar podríamos modelar animales de barro o plastilina, y todos juntos pintar la isla en un papel grande, con todos los animales amigos.

Mi jardín de ensueño

Crecer y desarrollarse, manifestar rasgos y matices propios, en eso consiste el proceso que todos los niños recorren. Para transmitirles mensajes positivos al respecto, ¿cabe imaginar mejor recurso que un pequeño jardín en donde todo crezca y prospere? Sólo con representárselo, dando vida a los flores y los seres que lo habitan, recibe el niño una gran ayuda para el despliegue de sus facultades. Evidentemente será una actividad adecuada para la primavera o el verano, cuando se disponga de flores en abundancia. Pero precisamente en invierno y con las calles recubiertas de nieve los niños tendrán una vivencia encantadora si los llevamos a un viaje imaginario con ayuda de flores naturales. Viene a ser como decirles que la vida produce flores en todo momento, así como que su crecimiento tampoco se detiene.

Disposición básica

La elección del lugar depende, por una parte, del tiempo atmosférico; por otra, del humor de los niños. Si hace mal tiempo o vemos que ellos se distraen con facilidad, nos quedaremos a cubierto.

En un día soleado, siempre y cuando los pequeños se muestren bien dispuestos para la concentración, nos haremos con unas mantas y saldremos al aire libre.

Material

Bandeja con seis jarrones pequeños que contendrán distintos tipos de flores o hierbas. Deben ser de especies que conozcamos, para explicarles a los niños cómo se llaman.

Tamaño del grupo

De ocho a diez niños.

Las flores más bellas
florecen en mi corazón
cuando estoy en silencio
y evoco el recuerdo
de la dicha que he vivido.

Instrucciones	Notas pedagógicas
Los niños elegirán su lugar para sentarse en corro. «Os traigo unas flores.»	
● «A ver quién sabe cómo se llaman?» «¿Con qué las vemos?» «Normalmente los ojos nos sirven para ver y reconocer las cosas.»	■ Desarrollar áreas cognitivas.
● «Pero hoy confiaremos esa misión a las manos. Comprobaremos si nuestras manos pueden ver.»	▲ Motivar a los niños para la actividad.
● «Es muy importante que colaboréis todos y que no alborotéis. ¡Todos tendréis vuestro turno, pero no debéis decir nada!»	■ Enseñarles a dominarse.
● «Primero miraremos tranquilamente las flores fijándonos en las diferentes clases de pétalos y hojas. Luego formaremos parejas para explorar con las manos. Mientras uno cierra los ojos, el otro elige una flor y se la presenta para que pueda tocarla con las manos.»	■ Educar la percepción sensorial.
● El «ciego» palpa con cuidado la flor.	■ Estimular la sensibilidad.
● A continuación devolvemos el jarrón a la bandeja y el niño que cerró los ojos los abrirá y dirá ahora cuál cree que es la especie que ha tocado.	■ Aprender a asociar las impresiones visuales con la percepción táctil.
● Los niños deben esperar callados a que todos sus compañeros hayan tocado las flores. Cuando les haya tocado el turno a todos, cerraremos los ojos todos al mismo tiempo para tocar las flores y notar las diferencias.	■ Reforzar el comportamiento social.

● «Al hacerlo se tocarán nuestras manos, vamos a ser amables con ellas.»	■ Reforzar la identificación grupal y el comportamiento social.
● «¿A qué se parecen los girasoles? ¿A las margaritas...?» «Ahora que conocemos bien las flores vamos a crear nuestro pequeño jardín imaginario. Para ello podéis echaros sobre las mantas?»	■ Educar el sentido del tacto.
● «Cierra ahora los ojos e imagina que hace un día maravilloso. El sol calienta y ríe, y tú estás muy alegre. Te rodea un lugar muy hermoso, ¿es tu jardín? ¿Qué aspecto tiene? ¿Lo rodea una cerca? ¿Qué flores, arbustos, árboles se crían en él? ¿Hay hortalizas?»	■ Estimular la imaginación con un proyecto que más adelante podrá convertirse en realidad (crear un pequeño jardín).
● «Hay animales en tu jardín? ¿Tienes un invernadero?»	▲ Dar tiempo.
● «¿A lo mejor viven ahí seres como los de los cuentos, o sea, hadas, enanos y unicornios?»	■ Excitar la fantasía.
● «¿Qué hacen allí? ¿Juegan? ¿Te dejan que juegues con ellos?» «Mira ahora, ¡hay una flor en tu jardín! Es tu flor favorita.»	▲ Dar tiempo.
● «¡Qué aroma tan encantador! Cuando contemplas la flor y aspiras su aroma te sientes muy feliz.»	■ Reforzar la imaginación.
● «¡Entonces ocurre un prodigio: ¡la flor ya no crece en el jardín, sino en tu pecho! ¡Dentro de tu corazón!» «Entonces todo tu cuerpo se ilumina y despide un perfume como el de la flor.»	■ Percepción inconsciente de la belleza del propio corazón.

● «Cuanto más feliz te sientes, más invisible se vuelve la flor y ¿sabes?, ahora florecerá para siempre en tu corazón. »Si cierras los ojos y piensas en ella, siempre te hará feliz.»	■ Familiarizarlos con la energía interior positiva y que aprendan a utilizarla.
● «Abre los ojos despacio y siéntate. ¡Mira las flores que tenemos aquí en nuestro jarrón!»	▲ Retorno a la realidad, redirigiendo la atención de los niños hacia el exterior.
● «Quién de vosotros quiere contarnos lo que acaba de ocurrirle.» «Vamos a bailar en corro alrededor de nuestras flores y les cantaremos una canción (por ejemplo, *En nuestro jardín*, p. 143).	■ Comunicación, aprender a traducir verbalmente las sensaciones y emociones.

En nuestro jardín

Melodía: Marianne Weyerer
Texto: Sylvia Lendner-Fischer

En nuestro jardín bailamos
con la mariquita y el enano.
Y nos miran los pitufos
detrás de las flores.

Posibilidades de desarrollo

- A ser posible trataremos de plantar un jardín verdadero.
- También les agrada a los niños que aparezca (en la imaginación) un enanito residente en el agujero de un tronco, o un elfo de los que viven dentro de las corolas de las flores. Esta ficción da pie a infinidad de cuentos fantásticos cuyos protagonistas sean dichas criaturas, por ejemplo el del enanito que perdió su caperuza roja, o el del elfo que no podía cantar porque le dolía la garganta, y el doctor enanito le hizo una pócima de hierbas...; para saber cuáles, lo miraremos en un libro, por ejemplo, un recetario de la abuela. En estas condiciones los únicos límites son los que ponga nuestra fantasía y capacidad de fabulación.

El niño que recobró la alegría

En este viaje fantástico les ofrecemos a los niños la oportunidad de participar activamente en un proceso de transformación. Aprenderán cómo hay que enfrentarse a las situaciones difíciles para cambiarlas. Al conducirlos hacia la situación que describiremos durante el viaje fantástico se plantearán cuestiones del estilo de «¿que haría yo si me sintiera triste?», «¿qué es lo que me hace sentirme bien?», «¿qué desearía entonces que ocurriese?». El niño va tanteado de esta manera la imaginaria situación de crisis y aprende a desenvolverse frente a las futuras dificultades de la vida. Muchas veces, cuando he conducido a niños en estos viajes fantásticos, explican luego que el niño protagonista se siente triste porque se ha quedado sin padres, evidenciando con sorprendente claridad en qué consiste el miedo primitivo de los pequeños: verse abandonados. Es importante que los niños aprendan a enfrentarse de una manera activa a cualquier tipo de temores. De esta manera los preparamos para que sean fuertes en la vida.

Disposición básica

En el centro: Una bella flor, una vela o una piedra preciosa.

Material

A ser posible imágenes de un niño que llora y/o uno que ríe. Un triángulo.

Tamaño del grupo

De ocho a diez niños

Instrucciones

Cada niño elegirá su lugar donde sentarse.

- Si disponemos de imágenes de un niño triste y otro alegre empezaremos por contemplarlas.
- Comentar lo que nos ocurre cuando estamos tristes o alegres.
  «Niños, vamos a inventar juntos un cuento. Que cada uno lo viva a su manera; el cuento se llamará *El niño que recobró la alegría.*»

Notas pedagógicas

- Reconocer la expresión facial de otra persona e interpretar el estado de ánimo que manifiesta (lenguaje corporal).
- Aprender a verbalizar sentimientos.

● «Ahora nos sentaremos cómodamente. Quedaos un rato sentados para notar si estáis cómodos o para cambiar de postura.» «Vamos a soñar todos juntos esa historia. Cerrad los ojos y quedaos muy quietos.»	■ Desarrollar la sensibilidad propioceptiva.
● «Voy a dar una nota con el triángulo y cuando el sonido se haya apagado nos encontraremos en el país de los sueños.»	▲ Utilización del triángulo (u otro instrumento similar).
● «Imagina que estás en el campo y hace un día precioso, y tú vas por el camino disfrutando del sol. ¿Qué es lo que vas viendo a uno y otro lado de la senda? ¿Hay flores de espectacular colorido? ¿Hay bonitos guijarros redondos en el camino? ¿Estás andando a la orilla de un arroyo o cruzando un bosque?» «Mientras paseas y lo contemplas todo muy alegre, ves a lo lejos un banco.»	▲ Conceder tiempo a fin de que vaya desarrollándose la fantasía.
● «Al acercarte ves que hay alguien sentado en ese banco, y te acercas más.» «Entonces ves que es un niño, el que está sentado ahí. El niño está muy triste...»	■ Suscitar la curiosidad y estimular la motivación para seguir soñando. ▲ Conceder tiempo.
● «Entonces tú vas y le preguntas: "¿Por qué estás triste?".»	■ Una vez puesto el niño en situación recordará las veces que estuvo triste y al reaccionar, aprende a superar las situaciones de tristeza.
● «Escucha ahora lo que te va a contar...»	▲ Conceder tiempo.
● «¿Tal vez se te ocurre alguna idea para alegrar a ese niño? Imagina lo que podríais hacer juntos, ¿tal vez jugar?»	■ Los niños aprenden a plantearse los problemas de una manera constructiva y a abordar activamente las situaciones difíciles.

● «¿A ti qué te gusta hacer cuando estás triste? Ahora puedes ayudar al niño para que encuentre otra vez su alegría.»	■ Recurrir a la experiencia propia para ayudar a los demás. ▲ Conceder tiempo y espacio para que desarrollen sus propias ideas.
● «Qué hermoso es tener un amigo, y todavía más si tenemos ocasión de ayudarle.» «El niño se ha hecho amigo tuyo, ¿lo ves? ¡Ahora ríe!» «Pero se ha hecho tarde y cada uno debe volver a su casa. Os despedís cordialmente, muy felices.»	■ Aprender el valor de la amistad. ▲ Estimularlos para que recurran a la fantasía siempre que se hallen tristes por algún motivo.
● «Ahora oyes el sonido del triángulo. Cuando este sonido se haya desvanecido te hallarás de nuevo en tu casa (en la escuela, etc.). Abres los ojos y mueves los pies.»	▲ El sonido del triángulo sirve para retrotraerlos a la realidad.
● «¿Qué os parece? ¿Conseguisteis que el niño recuperase su alegría?»	▲ Comentar cómo lo ha vivido cada uno.
● Ahora bailaremos todos para celebrar que estamos alegres.	▲ Ponemos una música alegre, por ejemplo la *Polka Party* de James Last, y bailamos alegremente por la habitación.

Cómo me entristece
el verte triste;
me quito una sonrisa
de los labios y te la lanzo.
¡Atrápala!, y verás
como nos alegramos otra vez.

Nota

Después del ejercicio, si algún niño da muestras de hallarse deprimido, o manifiesta reacciones emotivas demasiado intensas durante la actividad, sospecharemos que ese pequeño tiene reprimida alguna vivencia negativa. Sería aconsejable una entrevista de los padres con un especialista en psicología infantil (o con los padres si sois enseñantes o educadores). No hay que titubear en pedir consejo a un profesional; podría darse el caso de que el niño verdaderamente precisara ayuda. ¡Más adelante, cuando su espíritu se haya liberado, nos lo agradecerá!

Posibilidades de desarrollo

- Que cada niño busque en periódicos, catálogos viejos y similares caras tristes y caras alegres. Las recortaremos y montaremos un *fotocollage* con los recortes.

- Idear un teatro de títeres: Cómo Polichinela devolvió la alegría a la princesa triste, por ejemplo (incluir muchas bromas, pero también gestos de consuelo).

Cómo brilla mi lucero

De niña solía mirar el cielo en busca de mi estrella favorita. El telescopio de mi hermano me acercaba el cielo y aumentaba el brillo de los astros. Yo estaba convencida de que allá en lo alto residía una estrella mía, de mi exclusiva propiedad, y para mí todas las estrellas eran como un rebaño feliz. A veces me hacían guiños misteriosos que yo devolvía con aires de conspiradora. Allá, en mi estrella, se hallaba mi paraíso particular, de eso no tenía la menor duda. Estaba en el cenit sobre nuestra casa y hacía de centinela mientras nosotros dormíamos. Durante mi juventud me acostumbré a proyectar todos mis anhelos hacia el universo estrellado, donde quizá buscaba inconscientemente guía y orientación en esos años difíciles, cuando una no ha encontrado todavía su personalidad. Todavía hoy me marcan el camino las estrellas. Ellas me señalan lo que es insignificante y efímero en mi existencia humana, y me animan a no tomarme mis problemas demasiado en serio.

Una vez tuve una experiencia extraordinaria durante una reunión con padres. Habíamos salido todos a contemplar las estrellas, y cada uno de los asistentes eligió la de su agrado y le confió sus problemas en silencioso diálogo. Después de la velada una de las madres se acercó a decirme que aquella actividad le había resultado de gran ayuda. Aquella misma tarde acababa de enterrar a una persona de su familia y se había presentado a la reunión con una jaqueca tremenda. Pero durante el ejercicio confió en su estrella y sintió un alivio tan real que el dolor de cabeza desapareció y sintió muy aliviada su pena. Este acontecimiento nos causó una gran impresión a las dos.

La idea que transmitimos a los niños con la actividad descrita a continuación es que todos tienen una estrella benigna en el cielo como la tuvo el Niño Jesús. Y como todos los humanos somos hijos de Dios seguramente el Creador ha colocado un lucero para cada uno de nosotros.

Disposición básica

Habitación a oscuras. En el centro, bandeja con vela.

Material

Muchas lamparillas distribuidas por toda la estancia. Para cada niño, un tarro pequeño (sirve el estuche de un carrete de fotos) lleno de polvo de estrellas.

Tamaño del grupo

De seis a ocho niños

Música

Aeoliah, *Inner Sanctum.*

Instrucciones

- Los niños entran en la estancia todavía iluminada. Entonces enciendo todas las velas y apago la luz. Los niños se sientan sobre almohadones.
- «¿Qué parece ahora nuestra habitación? Las velas podrían representar estrellas.»
- «Hoy emprenderemos un viaje a las estrellas. Podéis echaros en el suelo.»
- «Por favor, echaos todos de manera que las cabezas apunten a la vela y los pies hacia fuera. De este modos vosotros mismos parecéis una gran estrella.»
- «Si miráis, veréis la estrella que formamos todos juntos.»
- «Ahora echaos sobre vuestro almohadón y tapaos con la manta.»
- «Para empezar, escucharemos una bonita música.»
- «Cerrad los ojos y respirad profundamente.»
- «Imagina que ya es de noche y que estás en tu casa, echado en tu cama, y piensas: "Voy a echar un vistazo por la ventana, ¡a lo mejor lucen las estrellas!". Entonces te levantas y miras por la ventana. ¡Qué resplandor tan maravilloso! Pero... ¿qué es esto? De pronto, una de las estrellas se pone a refulgir con más intensidad... incluso parpadea para que te fijes en ella.»

Notas pedagógicas

▲ Crear ambiente nocturno.

■ Estimular la fantasía y las destrezas verbales.

▲ Informar a los niños sobre lo que van a hacer e invitarlos a echarse.

▲ Establecer la relación haciendo que todo el grupo parezca una estrella grande.

▲ Darles tiempo para que capten la imagen de conjunto.

▲ Crear ambiente relajado y tranquilo.

▲ Poner una suave música de meditación, por ejemplo, Aeoliah, *Inner Sanctum.*

■ Entender instrucciones y aprender a seguirlas.

■ Aprender a escuchar.

● «¿A lo mejor incluso cambia de color? Entonces oyes una voz clara y cordial: "¡Hola! ¡Soy tu estrella de la buena suerte! Estás en el país de la fantasía y por eso puedes visitarme. No tienes más que volar hacia mí".»	▲ Dar tiempo.
● «Imagínate un cohete o un avión y así podrás subir por tus propios medios a donde estoy yo. ¡Basta con desearlo para que empiece el viaje! Se abre la ventana y emprendes el vuelo, cada vez más alto, dejando atrás otras estrellas, hasta que aterrizas en la tuya. Mira a tu alrededor ahora, ¿qué te parece?»	■ Que aprendan a tomar decisiones propias. ▲ Dar tiempo.
● «¿Hay aquí humanos, animales o plantas? O tal vez seres de fábula, enanitos y hadas que son los habitantes de tu estrella?»	▲ Dejarles margen para las creaciones propias. ▲ Suministrar impulsos. ▲ Dar tiempo.
● «Entonces oyes otra vez la cordial voz de tu estrella: "Bienvenido, ¿qué te trae por aquí?". Al oír estas palabras sentirás un gran calor en el corazón y notarás que tu estrella te quiere, ¡es tu estrella de la buena suerte!»	■ Sentirse aceptado.
● «La estrella sigue: "Puedes mirar lo que quieras. Pero voy a revelarte un secreto: siempre que necesites un poco de felicidad puedes acudir a mí. Respira hondo y aquí encontrarás un aire favorable que llenará tus pulmones y tu vientre de felicidad".»	▲ Mantener la motivación.

● «Inténtalo otra vez. Inhala despacio, a fondo. Exhala, siempre despacio...»	■ Adquirir conciencia de la respiración, para favorecer la relajación.
● «Así, así. Lo haces muy bien. Sigue respirando y te enviaré polvo de estrellas para respirar, que te llenará de felicidad. Ahora te has llenado de resplandor. Todo está iluminado dentro de ti, notas el calor y estás contento.»	▲ Elogiarlos cuando lo hagan bien, para mantener la motivación.
● «Sigue pensando en mí y no dejes de visitarme cuando necesites la felicidad. Pero ahora debes regresar, se ha hecho tarde y debes volver a la cama para que mañana estés bien despejado... Seguro que mañana tendrás mucha suerte, ya que vienes con el cabello lleno de polvo de estrellas. No tardes en volver, amigo mío.» «Ahora notarás cómo regresas volando.»	■ Los niños aprenden que ellos mismos pueden iniciar el viaje fantástico todas las veces que deseen un poco de felicidad.
● «De súbito te ves otra vez al lado de tu ventana. Cuando levantas la vista al cielo ves tu estrella que brilla y parpadea, como si te guiñase el ojo. Haz tú lo mismo y así los dos sabéis que ella es tu estrella de la buena suerte.»	▲ Dar tiempo.
● «Regresas a tu cama, te acuestas y notas el calor de la manta, la suavidad de la almohada, hasta que te duermes y descansas hasta la mañana siguiente...»	▲ Dirigir de nuevo la atención hacia el cuerpo del niño. ▲ Dejar tiempo para que surta sus efectos lo imaginado. Dar luz a la habitación.
● «Ya es de día, hora de levantarse. Abres los ojos y te desperezas y estiras.» A continuación, todos nos levantamos y miramos a nuestro alrededor contemplando la habitación.	▲ Controlar que todos los niños se despabilen por completo.

- Entregamos a cada niño un tarrito de polvo de estrellas, como recuerdo de su estrella de la buena suerte.
  Recordarles que este polvo naturalmente no deben respirarlo, sino guardarlo como recuerdo.

▲ El «polvo de estrellas» es purpurina en polvo con estrellitas (en comercios de bricolaje).

Posibilidades de desarrollo

- Que los niños dibujen sobre cartulina negra lo que acaban de vivir. Les facilitaremos purpurina y adhesivo para que puedan representar el polvo de estrellas.

- Realizar una excursión nocturna.

- Visitar un observatorio astronómico.

- Inventar juntos un cuento sobre «cómo el niño pudo visitar su estrella de la suerte» (desarrollo de destrezas verbales).

- Sobre tela negra o azul oscuro, colocar estrellas recortadas.

- Desarrollar el viaje fantástico a manera de juego de rol, en el que podrán intervenir todos los niños. Por ejemplo, confeccionar un buen número de ceñidores o coronas para que ellos mismos representen las estrellas del cielo. Antes de comenzar el juego convendremos una línea argumental, inventada por el adulto a partir de las fantasías escuchadas a los pequeños, por ejemplo con intervención del cohete que dijo el niño A y del enanito que mencionó el niño B.

Soy hermoso/hermosa

«Soy hermoso», «soy hermosa», ¿quién se atrevería a decirlo con esa franqueza? Hoy día ni siquiera los niños tienen ya el grado de autoestima que hiciese posible una manifestación así, enunciada con total naturalidad. Callamos para no parecer presumidos, o callamos, las más de las veces, porque en realidad no creemos que seamos bellos. En esto influyen las impresiones recibidas del entorno, y sobre todo de la televisión, que nos proponen ideales artificiales de belleza, «fantasmas publicitarios» cuyos rostros parecen maniquíes de escaparate. Se diría que sólo la apariencia importa. Pero la verdadera belleza es la que consiste en el poder de irradiación de una persona, que es consecuencia, a su vez, de su dignidad y su capacidad para amar. Eso es lo que nos arriesgamos a perder. Mientras no hayamos aprendido a afirmarnos, a asumir y admitir nuestras imperfecciones, no podremos dar lo mejor que hay dentro de nosotros. Pero si lo hacemos, nos verán rebosantes de buen humor y transmitiremos nuestro sentido positivo a los demás. Con lo cual contribuimos además a embellecer cuanto nos rodea.

He desarrollado la actividad siguiente para que los niños aprendan (cuanto más pronto mejor) que debemos estar agradecidos al buen funcionamiento de nuestros órganos sensoriales. El cuerpo recibe ese agradecimiento y se ilumina de júbilo. Lo cual nos predispone a tratar con amabilidad a otros; pero toda persona amable es bella.

Disposición básica

Para este ejercicio, el espacio adecuado serían unos lavabos escolares o cualesquiera otros en donde se disponga de varios espejos de tamaño suficiente. Pondremos una silla delante del espejo para cada niño. Cubriremos la pila del lavabo con una tabla o un cartón grueso para que sirva de mesita. A ser posible trabajaremos bajo luz indirecta, que suaviza las facciones.

Material

Para cada niño, un bote con diferentes colores de maquillaje y un tarrito de crema (atención, si la actividad se realiza en la escuela, consultar a los padres por la posibilidad de reacciones alérgicas). Un instrumento sonoro.

Tamaño del grupo

Seis niños como máximo.

Instrucciones

Entramos en los lavabos y cada niño ocupará su lugar delante de un espejo. «Hoy aprenderemos a conocernos un poco mejor. Vamos a contemplarnos en el espejo.»

● «Esto es divertido y, a veces, algo cómico, así que voy a pediros que hagáis todas las muecas que sepáis y reiremos un rato mientras nos vemos en los espejos.»

● «Hasta que oigáis una nota del instrumento que me sirve para marcar el comienzo y el final. Entonces callaremos todos.»

● «Ahora guardaremos silencio unos momentos. Cierra los ojos y expulsa el aire con fuerza.»

Notas pedagógicas

■ Que escuchen la explicación y se familiaricen con la nueva situación.

▲ Tocar el instrumento.

▲ Darles tiempo para reír, para que se vayan librando de la propia inseguridad.

▲ Tocar otra vez un tono.

▲ Esperar varios tiempos de respiración.

● «Cuando abras otra vez los ojos, mírate en el espejo como si fuese la primera vez que te ves, con tranquilidad absoluta.» «Ahora fíjate sobre todo en tus ojos. Roza con los dedos, cuidadosamente, tus párpados y tus cejas.»	■ Educar la sensibilidad propioceptiva.
● «Cierra ahora los ojos, ¿puedes imaginarlos sin verlos? ¿De qué color son?»	■ Estimular la memoria.
● «¿Recuerdas alguna cosa muy bella que tus ojos hayan visto?»	▲ Plantear el impulso. ■ Que adquieran conciencia del sentido de la vista. ▲ Dejar tiempo.
● «¡Qué fenomenal es tener unos ojos capaces de ver! ¡Qué ojos tan hermosos!»	■ Potenciar la autoestima.
● «Repítelo hasta enterarte: "Mis ojos son bellos. Yo soy bello (bella)".»	■ Suscitar afecto y gratitud hacia el propio cuerpo.
● «Fíjate ahora en tu nariz, tócala. Cierra los ojos y trata de imaginarla. ¿Recuerdas tu propio aroma, el que has podido oler con tu nariz?»	■ Cultivar la sensibilidad táctil y propioceptiva. ■ Cobrar conciencia del sentido del olfato.
● «Es maravilloso tener una nariz. Mírala otra vez en el espejo y di en silencio:	▲ Dejar tiempo.
● »"Mi nariz es hermosa. Yo soy hermoso (hermosa)".»	■ Potenciar la autoestima.
● «Mira tus labios, tu boca que ríe, tócate los labios, nota la suavidad de tu boca.» «Ahora cierra los ojos e intenta imaginar tu boca.»	■ Cultivar la sensibilidad táctil y propioceptiva.

- «¿Puedes recordar el plato preferido que comiste con tu boca?»
  «¡Qué bueno es tener una boca para comer, para hablar y para reír con ella! Es una boca muy hermosa. Abre ahora los ojos, mírate y di: "Mi boca es muy hermosa. Soy bello (bella)".»

■ Llamar la atención sobre el sentido del gusto.

■ Desarrollar la capacidad memorística.

▲ Si nos da la impresión de que los niños todavía están motivados, podemos continuar de manera parecida con las mejillas, la frente y los cabellos.

- «Considera ahora la belleza de todo tu rostro. En señal de gratitud le daremos crema, así como un masaje ligero, y lo acariciaremos.»
  «Con los colores puedes pintar tu propia cara en el espejo. ¡Será divertido!»

■ Captar el rostro en su totalidad y aprender a manifestar gratitud hacia nuestro propio cuerpo.

Me contemplo en el espejo.
¿Acaso voy a ver algo nuevo?
Los ojos como estrellas relucientes
y la naricilla insolente,
la boca pequeña y roja
y mi cara redonda.
Todos pueden verlo:
«¡Soy muy hermosa!».

Posibilidades de desarrollo

° Masaje facial como ejercicio por parejas (véase el capítulo correspondiente al masaje).

° Que los niños pinten su autorretrato sobre papel.

° Confeccionar una silueta (la cara vista de perfil). Con ayuda de un proyector de diapositivas y colgando un papel grande podemos transferir a éste la silueta del niño. Un adulto calcará el contorno y luego el niño podrá recortarlo, pegarlo sobre una cartulina y si le apetece, pintarlo.

° Modelar el propio rostro en barro.

° Ejercicio sensoriales de diversos tipos, por ejemplo contemplar frutas, tocarlas, olfatearlas y degustarlas.

° Confeccionar un *collage* con fotografías y dibujos de caras.

Mi ángel

Lo que sea un ángel para nosotros, los adultos, dependerá de nuestra confesión religiosa, por una parte, y del papel que asignemos a la racionalidad en nuestra mentalidad y nuestro estilo de vida, por otra. Una evolución positiva en los asuntos personales puede ser un golpe de suerte para unos, o un favor de la Providencia para otros. Pero cuando el protagonista es un niño, ni lo uno ni lo otro reviste tanta importancia. Tanto el azar como la Divinidad son conceptos abstractos para el pequeño, que todavía no los abarca cognitivamente. ¡Él ve las cosas tal como son, y nada más! Cuando experimenta algo que le parece agradable, se alegra. Y como tiene una gran necesidad de protección, naturalmente le apetece vivir muchos de estos momentos agradables. Nosotros tratamos de ayudarle en ello, de hacer que se halle a gusto. Y la creencia en un ángel de la guarda, en una fuerza positiva que le asiste en todo instante, puede contribuir poderosamente a ello. Un ángel es una figura mucho más personal que Dios, más inmediata. Podemos formarnos una imagen de nuestro ángel, una idea concreta. Lo de Dios es mucho más difícil, sobre todo cuando nos dicen que está en todas partes. El ángel, en cambio, nos acompaña, ¡cada uno tiene su ángel en exclusiva! Viene a ser como un puente hacia esa gran fuerza desconocida que es la Divinidad, a la que así contribuye a acercar. El ángel está junto al niño para ayudarle en las situaciones difíciles, pero evitemos transmitirle la idea de que el ángel va a evitarle todo mal, porque en ese caso habrá decepciones y se sentirá engañado. No siempre va a intervenir el ángel para hacer un milagro. Pero puede infundirle valor y fortaleza. Nos ayuda a enfrentar las dificultades. En este punto soy de la opinión de que la creencia en los ángeles tranquiliza y hace que el niño se sienta más seguro de sí mismo.

Una cosa que siempre se pone de manifiesto en las conversaciones con los pequeños es cómo ellos relacionan lo bueno con lo hermoso. Cuando les pedimos que nos cuenten cómo es su ángel, los ojos les brillan de entusiasmo y nunca dejan de mencionar el oro, la plata, las indumentarias de ricas telas, las cosas que relucen.

Al principio yo me había propuesto la creación de un ángel grande como actividad de grupo en la que colaborarían todos los niños. Pero tuve ocasión de observar que muchos de ellos, al mismo tiempo, se ponían a dibujar o pintar su ángel personal. Quedaba claro que lo que ellos deseaban era una relación directa con ese personaje personal e intransferible. Lo hacían cada uno por su cuenta y no les importaba que saliese pequeño en comparación con el ángel «del grupo». Era lo que les pedía el corazón, su amigo, su ángel de la guarda. ¿No sería estupendo que los adultos conservásemos esa fe en la presencia constante de una fuerza positiva que nos da cobijo?

La actividad «Mi ángel» se distribuye en dos jornadas, aquí descritas como Parte I y Parte II.

Imagino a veces
que me envuelven
unas alas,
blanco y oro,
y que me mecen.
Entonces duermo
con sosiego.
Mi ángel
está conmigo.

Parte I

Disposición básica

En el centro: pañuelo de muselina, o de seda, de colores claros. Una vela como símbolo de la luz; un cristal de roca para la Parte II.

Material

Papeles para pintar, papel metalizado, estrás, estrellas y todo lo que habitualmente va asociado a las figuraciones de ángeles. Adhesivo, tijeras. Barras de colores a la cera para todos los niños, y ocho lazos para enrollar los dibujos de ángeles y atarlos.

Tamaño del grupo

Ocho niños.

Música

Aeoliah, *Angel Love*.

Instrucciones (Parte I)

- Los niños eligen sus puestos y nos quedamos contemplando la vela encendida.
- «Ella nos da su luz, nos da calor, nos transmite alegría. La vela nos recuerda que Dios nos ama.»
- «A veces nos sentimos solos y abandonados, entonces podemos pensar que Dios nos ha concedido un amigo especial.»
  «Ese amigo es un ángel, y basta con que aprendamos a representárnoslo. A nuestro ángel podemos contarle nuestras cosas porque él siempre nos entenderá y siempre estará de nuestra parte para ayudarnos.»

Notas pedagógicas

- Que se haga el silencio.
- Captar intuitivamente el simbolismo de la vela.
- Aprendemos la importancia que tienen los ángeles en nuestra vida y cómo entrar en comunicación con ellos.

«En la vida nos ocurren a veces cosas que no nos gustan y que nos entristecen. Entonces nuestro ángel nos ayudará a encontrar un remedio. Nos comunica la fuerza para que podamos recobrar la alegría. Es suficiente que nos acordemos de nuestro ángel de la guarda y le roguemos su asistencia.»
«Todo el mundo puede imaginar su ángel como prefiera, ¡tú también! Vamos a intentarlo juntos.»

● «Cierra los ojos e imagina que puedes ver los pies o el calzado de tu ángel. ¿Qué aspecto tienen?»
«Ahora dejas que tu mirada vaya subiendo. Ahora ves la orla del vestido..., ahora el vestido mismo.»

▲ La personificación del Bien les transmite a los niños la sensación de estar protegidos. En la figura benéfica del ángel el niño halla un interlocutor directo; el ángel es un amigo que tiene un semblante, unas manos, unos pies e incluso —según la representación infantil habitual— unas alas. En la tradición, las alas eran el símbolo de lo espiritual, quizá porque evocan asociaciones de ingravidez y ligereza, de elevación sobre las preocupaciones terrenales.

● «¿Qué color tiene? ¿Es de tela oscura o clara?»
«Ahora ya puedes mirar la cara de tu ángel. Míralo bien. Mira sus cabellos, su estatura. ¿Es más bajito o más alto que tú, o exactamente igual?»

▲ Darles tiempo suficiente para que vaya formándose la imagen del ángel.

● «¿Cuál es su nombre? Preguntadle cómo se llama, o ponedle vosotros un bello nombre.»
«Vamos a contarnos unos a otros cómo imaginamos a nuestro ángel.»

▲ Si el ángel tiene un nombre será más fácil dirigirnos a él y llamarle.
Es posible que los niños acusen la necesidad de expresión verbal incluso durante el viaje fantástico; por tanto dejare-

«He traído papel y muchas cosas bonitas, para que cada uno pinte y represente a su ángel.»

- Cada uno elige su lugar del suelo y repartimos el papel, los colores, etc.
- «Ahora cada uno de vosotros puede dibujar, pintar y adornar su ángel personal.»
- Contemplamos los bellos ángeles. Cada uno de los niños podrá llevarse a casa el suyo. Enrollamos las hojas de papel con cuidado y las atamos con un bonito lazo.

mos que hablen sin empeñarnos en mantener silencio a toda costa, ya que ello más bien perjudicaría la vivencia.

- ▲ Darles algunas instrucciones sobre cómo dibujarlo.
- ▲ Vigilar que los niños usen correctamente el pegamento, ya que de lo contrario se decepcionarán si luego el ángel se descompone.
- ▲ Durante esta contemplación podemos poner música meditativa (por ejemplo, Aeoliah, *Angel Love*).

Parte II

Disposición básica

Centro como en la Parte I; además de la vela, colocamos un cristal de roca.

Música

Aeoliah, *Angel Love*.

Instrucciones (Parte II)

- Nos sentamos en corro alrededor de la vela y el cristal de roca. «Vamos a contemplar la vela y el cristal de roca mientras escuchamos la música.»
  «Fijaos en el cristal, me recuerda a los ángeles, ¡tan bello y tan claro!»

Notas pedagógicas

- ▲ «Ayer dibujamos nuestro ángel, hoy os enseñaré a conocerlo mejor y las cosas que podemos vivir con él. ¿Recuerdas cómo se llamaba tu ángel? Haz memoria.»

- Poner música meditativa, a bajo volumen, dejándola así durante toda la actividad. El cristal de roca y su pureza tienen asociaciones simbólicas con la luz de Cristo.
  - ▲ Para crear silencio.
- Ahora cierra los ojos. Imagina un arco iris. Es como un portal por donde puedes entrar. Y ¿sabes una cosa?, al otro lado te espera tu amigo, tu ángel. Ahora pasas el portal y lo puedes ver.»
  - ▲ El arco iris es una puerta y un puente, simbólicamente, por donde se accede al mundo de lo espiritual.
- «¡Fíjate si es maravilloso!»
  - ▲ Conceder tiempo para que se forme la imagen interior del ángel.
- «¿Qué te parece? ¿Tiene hoy el mismo aspecto que ayer? Debes saber que los ángeles pueden cambiar siempre que tú lo desees. Te acercas muy contento y él te saluda cordialmente, y quizá hasta te abraza.»
  «El ángel te anuncia que hoy va a enseñarte un trocito de cielo. Le das la mano y ¡ya estáis!»
  - ▲ Que los niños conozcan la experiencia: mediante la concentración mental el ángel toma nota de sus deseos.
- «Mira a tu alrededor. Estás con tu ángel en un palacio maravilloso, o quizá podríamos decir un templo. Hay luz por todas partes y tú te sientes alegre y feliz.»
  - ▲ Desarrollamos simbólicamente las palabras de la Biblia «todos sois templos de Dios».
- «Es el templo de la alegría. El que entra aquí conoce la felicidad.»
  «Mira, las paredes se hallan recubiertas de bellos cristales.»
  - ▲ La felicidad consiste en hallar a Dios dentro de uno mismo.
- «Oyes una música celestial, bailas alegremente con tu ángel y hasta vuelas como él, de tan ligero que te has hecho, ¡ligero como un pájaro!»
  - ▲ La ingravidez simboliza el estado de júbilo del alma liberada.

● «El ángel dice: "Voy a hacerte un regalo, ¡el cristal celeste de la buena fortuna!". Y lo deposita en tu mano, ¡qué hermoso es!»

▲ Un regalo, además de crear vínculos, demuestra que se nos quiere y aprecia.

● «El ángel dice: «Este cristal sólo puedes verlo aquí... en tu mundo es invisible... pero tú sabes que está contigo, lo mismo que siempre estoy yo, tu ángel. No tienes más que pensar en mí y llamarme, entonces notarás que estoy a tu lado. Ahora regresaremos al portal del arco iris y regresarás a tu mundo, pero no me olvides, que estoy contigo aunque tú no me veas con tus ojos abiertos.»
«Entonces pasarás el portal y regresarás a nuestro mundo. Abre los ojos y desperézate un poco. Vamos a contar ahora las aventuras que hemos vivido en los cielos.»
Hacemos circular nuestro cristal de roca. Que todos lo toquen y lo contemplen. Nos recordará nuestro cristal celestial y por consiguiente, a nuestro ángel. Busquemos un hermoso lugar para colocarlo donde podamos contemplarlo todos los días.

■ Los niños aprenden que, si bien residimos en este mundo, podemos entrar en comunicación con el mundo espiritual (como se hace con la oración).

Posibilidades de desarrollo

- Si estamos en pedagogía religiosa podemos enlazar con episodios de la Biblia, adaptados al ciclo de las estaciones y en los que tengan alguna intervención los ángeles, por ejemplo la Anunciación, la aparición del ángel a los pastores, en Navidad...
- Confeccionamos un atuendo de ángel para que los niños puedan representar por turnos ese rol (lo que promueve la identificación con el Bien).

A modo de epílogo

Fuentes de energía para los niños

Una vez familiarizados los niños con los ejercicios de este libro, sucede cada vez más a menudo que ellos inventan espontáneamente ideas para otros juegos. Mi sofá ha resultado de gran utilidad al efecto. Cuando me siento en él, ellos intuyen que estoy «disponible». Dos chicos de mi grupo lo descubrieron muy pronto y se acercaron como «mininos» a enroscarse junto a mí y que los rascase, como les gusta a los gatos. Y si no les hacía caso o me desentendía de ellos demasiado pronto, prorrumpían en estridentes maullidos o me «sacaban las uñas». Este juego se repitió varias veces. Poco a poco fue evolucionando y el dinamismo atrapó a todo el grupo. Los niños se tumbaban en la alfombra delante del sofá y se ponían a maullar. Y como sólo tengo dos manos para poder rascar, ellos empezaron a rascarse los unos a los otros. El que más me conmovió fue un muchacho que normalmente evitaba el contacto corporal con los educadores y además padecía retraso verbal: al amparo del grupo se atrevió a acercarse y dejó que yo lo tocase como si fuese un gatito.

Como tenemos un rincón reservado durante todo el año para ellos (y surtido de cremas, rodillos de masaje, erizos, retales de moqueta peluda, rodillo para la estimulación podal y pinceles para la cara), sucede con frecuencia que ellos mismos asuman la iniciativa de darse masaje por parejas o pequeños grupos, y ponen supuestos «gabinetes profesionales».

Si alguna vez has soñado con pasar un fin de semana en una clínica de belleza, inténtalo con tus pequeños. Masaje facial, relajación de articulaciones, masaje completo reflexológico, máscaras faciales, todo eso llegan a dominar con gran facilidad, y aun te sorprenderán con variantes inéditas de maquillaje y peinado, ¿cabe imaginar nada más hermoso?

En un grupo o una familia donde tales juegos estén autorizados, los niños se sienten libres y protegidos. Libres, porque disponen de margen para desarrollar iniciativas (y es por eso que te conviene admitir ese programa de belleza), y protegidos porque el contacto natural de los cuerpos les indica que son estimados y queridos.

En esta comunidad los pequeños se desarrollan hasta convertirse en individuos creativos y capaces de amar. Motivo por el cual, las actividades de este libro no deben tomarse como un área de trabajo aparte; nuestra intención es proporcionar un recurso más para el desarrollo integral de los pequeños en todos los sentidos. Incluye estas actividades como parte habitual de la rutina diaria. Verás cómo ellos despliegan sus facultades e inventan a partir de estos ejercicios otros nuevos, de su propia cosecha, sin más que facilitarles los materiales que necesiten.

Límites y posibilidades

Tal vez os preguntaréis si estos ejercicios pueden servir para el trabajo terapéutico con los niños. Ciertamente son aplicables y útiles, pero deberíamos tener claro, como padres y como pedagogos, que las actividades aquí descritas seguramente no serían suficientes para una criatura afectada por dificultades graves.

Ocurre a veces que los problemas del niño nos exceden y entonces los padres y los educadores hemos de acudir necesariamente a la ayuda de personal profesional y avezado. No hay que tener reparos en solicitar ese tipo de ayuda. Una vez comentada la situación con el o la terapeuta se podrá decidir cómo incluir esas actividades a título de complemento terapéutico. Cuando nuestro grupo incluye un niño hiperactivo, las posibilidades del movimiento creativo van a permitir una buena integración inicial; como se sabe, los hiperactivos necesitan aprender a desahogar de manera positiva un exceso de energías y de estados de tensión, antes de poder pasar a tranquilizarlos. Se ha de atender, en especial, a que estos niños reciban instrucciones exactas para todas las actividades, y que comprendan que deben aprender a seguirlas. De lo contrario podría ocurrir que perdiesen el control de su motricidad y se habría conseguido precisamente lo contrario de lo que pretendíamos. En cambio, cuando han aprendido a obedecer instrucciones se les conduce mejor hacia el movimiento ordenado y el sosiego íntimo. Para ellos será quizá la primera vez que nadie los riñe por su agitación, sino que se corresponde a esa necesidad que tienen y se les elogia. Se consigue así romper el círculo vicioso, edificar autoestima y hallar el reposo.

Conviene saber que a algunos hiperactivos un leve contacto les resulta doloroso; en cambio un masaje fuerte les agrada. Es posible que los impulsos musculares más intensos determinen una mayor nitidez propioceptiva de la frontera corporal, facilitándose así la orientación y el reequilibrio. Téngase en cuenta no obstante que cada niño precisa una atención individualizada (cf. Prekop y Schweizer 1996).

Para el caso se recomiendan los erizos de masaje, o el masaje manual fuerte, en contra de la recomendación habitual de masaje suave que damos en nuestros ejercicios y que es contraindicada en estos casos. A menudo los niños hiperactivos precisan también un contacto corporal más intenso con el adulto (por ejemplo, sentarse en el regazo), como si quisieran persuadirse de su afecto. Lo concederemos tantas veces como nos sea posible.

Puede darse asimismo en el grupo la presencia de niños nerviosos, faltos de concentración, inquietos, caprichosos o agresivos. Suele tratarse de niños abrumados por un exceso de estímulos sensoriales, visuales, acústicos o psíquicos. En estos casos lo que aconsejo siempre es: movimiento, movimiento y más movimiento. Pero, una vez más, estableciendo reglas y orientando a los pequeños por medio de señales, ¡el alboroto anárquico suele exacerbar todavía más la agresividad! Los ejercicios de movimiento que describo en este libro conducen a los niños de una manera suave e imperceptible hacia el sosiego.

Están por otra parte los asustadizos y retraídos. Para éstos, el libro ofrece gran número de sugerencias que les ayudarán a vencer la timidez y cobrar confianza en sí mismos, hasta lograrse la buena integración en el grupo.

Todas las actividades no son adecuadas para todos los niños, y esto hay que tenerlo en cuenta durante la fase de preparación. Los invitaremos a participar, pero jamás los obligaremos. El sosiego es algo que no puede imponerse y que requiere un espacio abierto para darse de una manera natural.

Durante la actividad naturalmente podemos llamarlos al orden si vemos que están perdiendo la concentración. Son útiles para ello las señales acústicas. Y cuando uno se niegue en redondo a colaborar, se quedará de espectador o se le invitará a abandonar la estancia.

Pretendemos que los niños recuerden estas actividades como una vivencia especial, como algo que desearían repetir otras veces en adelante. Yo les explico que es importante hablar fuerte y callar, cada cosa a su tiempo. Después de una mañana muy movida y animada de juegos nos gusta sentarnos juntos sin decir nada, hasta que nos tranquilizamos. Hay juegos de resultado infalible para este fin, por ejemplo soplar pompas de jabón, hacer volar plumas o colocarse las manos sobre el corazón. Entonces notan los niños que también es agradable estar callado. Y los despedimos tranquilos y relajados a la hora de regresar a sus casas. Si utilizamos las actividades de manera preventiva para evitar situaciones de falta de armonía, los hallaremos cada vez más alegres, espontáneos, creativos y simpáticos. Con esto les proporcionamos un fundamento idóneo para su porvenir.

Los ejercicios en el equipo de educadores y con los padres

Como se ha mencionado en la Introducción, no hace falta tener conocimientos previos para poder ofrecer a los niños las actividades aquí presentadas.

No obstante, querría sugerir que eligierais de vez en cuando una de ellas y la introdujerais en vuestro equipo. La experiencia propia es la mejor maestra.

Estos ejercicios establecen vínculos y una unión auténtica. En las situaciones de estrés un masaje de bolas puede llevar relajación y armonía a un equipo de trabajo. Un viaje fantástico, tal vez hacia nuestra estrella de la buena suerte, puede hacer más llevadera una temporada de contrariedades y devolvernos la alegría. En el intercambio de experiencias aprendemos a conocer mejor las sensaciones de los niños.

A los padres se les ofrecen igualmente nuevos caminos para la comunicación, si quieren participar en la realización de estos ejercicios. Y podemos invitar a aquellas amistades que hayan manifestado algún interés en explorar estas áreas y trabajar con niños. Es una sugerencia para introducir variaciones inéditas en las futuras reuniones de padres, celebraciones de cumpleaños de los pequeños y otras ocasiones sociales por el estilo. Con la práctica asidua, realizaremos progresos en nuestra manera de tratarlos.

Proporcionémosles movimiento y sosiego en las proporciones convenientes y tantas veces como nos sea posible, a fin de preservar su equilibrio interior y que vivan con alegría.

Música recomendada

Aeoliah, *Angel Love.*
Aeoliah, *Inner Sanctum.*
René Aubry, *Libre Parcours* («Fam Fam»).
Enya, *Shephard Moons.*
Bill Hailey, *Hit single collection* («Rock around the clock»).
Karunesh, *Colours of Light* («Galabriel»).
Kobialka, *Path of Joy.*
Brent Lewis, *Earth Tribe Rhythms* («Doom Tac a Doom»).
Loreena McKennit, *The Visit* («All souls night», «Tango to Evora»).
Rondo Veneziano, *Rondo Veneziano* («Rondo Veneziano»).
Guem Et Zaka, *Best of Percussion* («L'abeille»).

Nota final

Los lectores y lectoras ya familiarizados con este tipo de trabajo me perdonarán, espero, el excesivo nivel de detalle en las descripciones de las actividades. Con este detallismo pretendo explicar a los padres y a los educadores que estos ejercicios no han de servir exclusivamente para que los niños aprendan a «estar quietos», sino que hay muchas cosas más que experimentar y aprender. También quiero que los alumnos de las facultades de pedagogía social dispongan de una herramienta que les permita acceder a estos temas sin timidez, y espero que contribuyan a ese trabajo con sus futuras aportaciones propias.

Que la fuerza positiva que me acompañó durante la redacción de este libro os alcance a todos y todas, y que os hayan parecido inspiradores los textos, las imágenes y los poemillas. Que nunca os abandone el valor necesario para ser francos de corazón.

Cordialmente,
Sylvia Lendner-Fischer